CURSO INTENSIVO DE ESPAÑOL
NIVELES INTERMEDIO Y SUPERIOR
EJERCICIOS PRÁCTICOS

JESÚS FERNÁNDEZ
Universidad de Madrid

RAFAEL FENTE
Universidad de Granada

JOSÉ SILES
Universidad de Madrid

Curso intensivo
de español

(NUEVA EDICIÓN)

EJERCICIOS
PRÁCTICOS

NIVELES INTERMEDIO Y **SUPERIOR**

SOCIEDAD GENERAL ESPAÑOLA DE LIBRERÍA, S. A.

HOUGHTON MIFFLIN COMPANY   BOSTON   TORONTO
Dallas   Geneva, Illinois   Palo Alto   Princeton, New Jersey

Primera edición, 1990 (edición renovada)
Segunda edición, 1991
Tercera edición, 1992
Cuarta edición, 1993

Produce: SGEL - Educación
          Marqués de Valdeiglesias, 5-1.º - 28004 MADRID (ESPAÑA)

Houghton Mifflin es el distribuidor exclusivo de la presente obra en USA. Dirija sus pedidos a su representante local.

Existen otros dos cuadernos de esta misma obra: nivel de iniciación y elemental, y nivel elemental e intermedio, que pueden pedir directamente a SGEL, MADRID (ESPAÑA).

ISBN: 84-7143-417-2
Depósito Legal: M. 39.813-1992
Impreso en España - Printed in Spain

Cubierta: Erika Hernández

Compone e imprime: NUEVA IMPRENTA, S. A.
Encuaderna: F. MÉNDEZ

NOTA A LA DECIMONOVENA EDICIÓN

En muchos aspectos el libro que el estudioso tiene en sus manos es nuevo con respecto a su versión de 1981. Urgía, para adaptarlo a la nueva serie de *Curso Intensivo de español* compuesta por una gramática y tres libros de ejercicios graduados por orden de dificultad, realizar los siguientes cambios:

a) Se han revisado, redistribuido y refundido todos y cada uno de los ejercicios del libro, suprimiendo aquellos poco eficaces o impropios de su *nivel intermedio alto y superior* y enriqueciéndolo con un alto porcentaje de ejercicios de nueva factura.

b) Se ha añadido, como ya es norma en la serie, un segundo índice, éste: *alfabético de conceptos,* que, unido al *Índice por unidades didácticas,* permitirán al profesor y al alumno no sólo localizar exhaustivamente el contenido del libro eligiendo los problemas específicos que le interesen en cada momento, sino también emplearlo, ya sea como libro de ejercicios tradicional o como un método, siguiendo linealmente la secuencialización de sus unidades. Le acompaña aparte una *Clave* y *Guía didáctica.*

c) El nivel del libro en su nueva versión es tanto por sus estructuras sintácticas como por su caudal léxico —en éste mucho más rico y complejo que en los anteriores— definitivamente *intermedio alto* (primer ciclo) y *superior* (segundo ciclo). Por lo que recomendamos a aquellos alumnos cuyo nivel lingüístico no corresponda a estos niveles emplear el segundo o primer libro de la serie, según sean sus necesidades.

d) Un apartado al que se ha dedicado especial atención es el del léxico en sus distintas variantes: usted, tú, periodístico, etc., incorporando a los ejercicios voces y expresiones ya consagradas en el habla normal aunque aún no todas admitidas en el Diccionario de la R.A.E. Todo ello procurando en lo posible continuar esa línea de lengua viva, útil y amena que siempre ha caracterizado a *Curso Intensivo de español.*

5

e) He, además, añadido al *corpus* de ejercicios que abordan los puntos más conflictivos del español para extranjeros ejercicios de nueva factura —innovadores a mi juicio en su línea y pensados para estimular la creatividad del alumno—, tales como: sustituciones de tiempos y formas verbales, textos adaptados a unidades temáticas, transformaciones de oraciones coordinadas a subordinadas, correlaciones de tiempos y modos, formas no personales del verbo, contrastes entre preposiciones, adverbios y conjunciones, etc., así como muchos otros para cuya localización sugerimos una lectura minuciosa del *Índice alfabético de conceptos* y del de *unidades didácticas.*

El resultado de todos estos cambios han sido los trescientos treinta y siete ejercicios de esta versión que permitirán al profesor y al alumno avanzado realizar verdaderos cursos monográficos sobre los aspectos más conflictivos del español para extranjeros.

Poco me resta por añadir, a sabiendas de haber dejado muchas cosas en el tintero, que no sea expresar una vez más nuestra gratitud a colegas y alumnos que a través de los años han depositado en nosotros su confianza. Confianza que en nombre de mis compañeros: Rafael Fente Gómez y José Siles Artés y en el mío propio esperamos no se vea defraudada en esta nueva singladura de *Curso Intensivo de español,* niveles *intermedio* y **superior.**

Jesús Fernández Álvarez

Majadahonda (Madrid), primavera de 1990.

6

NOTA A LA UNDÉCIMA EDICIÓN

Después de catorce años de existencia, tras haber sido utilizado por estudiantes y profesores de todas las latitudes, *Curso Intensivo de español* - nivel *intermedio* y **superior,** vuelve a aparecer renovado; la tercera renovación en el curso de su ya dilatada peripecia.

Pidiendo disculpas por la jactancia que ello pueda aparentar, hemos de decir que la vigencia de esta obra nos habría permitido sin duda el dejar el libro tal y como estaba tras su segunda modificación en 1971. Pero no nos ha parecido que así hubiéramos pagado la deuda contraída con tantos profesores y estudiantes de las más diversas nacionalidades.

Un libro de este carácter no puede por menos de sufrir en su entraña el deterioro del tiempo, y así nosotros hemos visto cómo se imponía actualizar fechas, datos concretos sobre personas, sucesos, precios, usos, etc.

Hemos creído nuestro deber no defraudar los consejos y sugerencias de muchos colegas y amigos que nos han pedido un esfuerzo por poner al día este instrumento que tan eficaz ha resultado ser para la enseñanza del español y que se ha convertido en un clásico en su género. Así pues, hemos acometido en profundidad una remodelación del libro y ello tratando de estar en consonancia con los avances de la moderna lingüística aplicada en materia de enseñanza de idiomas. El resultado de dicho empeño es la versión que el lector tiene en sus manos. Para todos aquellos que ya estaban familiarizados con el libro resultarán evidentes los siguientes cambios:

a) Se han suprimido una serie de ejercicios que se han revelado como poco operativos. Nos referimos concretamente a la «explicación de acciones» existentes en las anteriores ediciones.

b) Por el contrario, ha habido un considerable aumento de ejercicios que se han venido echando en falta en los últimos años, de los cuales los más dignos de destacar son los referentes a usos de los tiempos del indicativo, subjuntivo, usos de la partícula **se,** la voz pasiva en todas sus manifestaciones y ejercicios léxico-semánticos de sinónimos, antónimos y afijación.

c) También han sido objeto de tratamiento especial los ejercicios sobre frases verbales, verbos específicos y estilística del adjetivo, que se han renovado en gran medida y se han cambiado a lugar más idóneo en algunos casos.

d) Se ha llevado a cabo una cuidadosa actualización o puesta al día de fechas, vocabulario, datos e información de todo tipo que aparecían en frases del libro y que ya acusaban la natural erosión del paso del tiempo.

Fruto de toda esta labor de revisión general y a fondo han sido los doscientos ochenta y ocho ejercicios que componen las cincuenta y ocho unidades de esta versión.

En todo este plan de renovación ha sido preocupación fundamental de los autores sintonizar con las necesidades actuales de profesores y alumnos de la lengua española, y en este sentido, el aspecto del léxico nos sigue pareciendo de primordial importancia. Éste fue uno de los principales fines de este libro, y estamos convencidos de que sigue plenamente vigente.

Siempre hemos procurado que los ejercicios resultasen amenos a través de un vocabulario que, en lo posible, mostrase todos los registros del uso del idioma: literario, periodístico, narrativo, coloquial, familiar, etc. Nos llena de satisfacción el haber recibido autorizados testimonios de que el lenguaje de esta obra es una muestra viva del español de nuestra época.

Otro de los aciertos reconocidos a *Curso Intensivo de español* ha sido la utilidad de su índice pormenorizado, merced al cual el profesor, así como el alumno, puede con gran economía de tiempo dirigir su atención a aquellos problemas específicos que le interesen en cada momento. Pues bien, en esta edición el índice da todavía un paso más en esa línea de eficacia y practicidad; se ha ampliado, detallado y perfeccionado, de manera que constituye todo un programa de nuestra visión metodológica.

Para expresar nuestra labor en esta undécima edición diríamos en unas cuantas palabras que no se trata de una mera revisión, sino de una refundición en toda regla.

Y una vez más nuestra gratitud a alumnos y profesores que han encontrado en este libro un amigo útil y ameno. Para nosotros ésta es la mayor recompensa.

LOS AUTORES

Madrid, julio de 1981.

ÍNDICE POR UNIDADES DIDÁCTICAS

PRIMER CICLO

11

17

18

Signos empleados

$\neq$ contraste.

/ alternancia.

$\rightarrow$ respuesta.

primer
ciclo

UNIDAD 1

1. Dé una forma correcta del verbo *ser* o *estar* en las siguientes frases.

1. Mi compañero de oficina ...... francés de nacionalidad; pero nunca ...... en Francia.
2. En esta época del año a las seis de la tarde ya ...... de noche.
3. ¿Qué día ...... mañana? — Mañana ...... miércoles.
4. Muchos de mis amigos ...... estudiantes de esta Facultad.
5. ...... muy contenta porque me ha tocado la lotería.
6. ...... una pena que no haya venido a visitarnos.
7. Estas flores ...... para ti.
8. No, no vivo en Madrid, ... de paso.
9. Las paredes de este edificio ...... de ladrillo.
10. ...... demasiado temprano para empezar la juerga.
11. Sus dos hermanos ...... frailes.
12. ¿Me ...... usted escuchando?
13. (Nosotros) ...... recogidos por un pesquero portugués después del naufragio.
14. La verdad ...... que no hacemos nada porque ...... de vacaciones.
15. (Yo) ...... de ese individuo hasta las narices.
16. ¿Quién ......? — ...... el cobrador de la luz.
17. La fiesta ...... en los salones del ayuntamiento.
18. ...... muy golosas, nos encanta lo dulce.
19. ¿Qué ...... (usted) haciendo? — Nada de particular.
20. ...... un lindo atardecer de septiembre cuando te conocí.
21. ...... a 27 de octubre.
22. Málaga ...... en el sudeste de España y ...... el centro de la Costa del Sol.
23. Debe ...... enfermo; ...... demasiado pálido.
24. ¿De quién ...... esta botella de vino?

25. ...... un error llevarle la contraria todo el tiempo.
26. El pobre Fernando cada día ...... peor.
27. ...... quieto y no molestes más; yo no ...... para bromas.
28. Eso ...... comportarse como un animal.
29. ...... muy desgraciado estos días; voy de mal en peor.
30. Señoría, el defensor y el fiscal ...... de acuerdo. — ¡Vaya milagro!
31. Los años ochenta ...... buenos para Occidente y malos para el Tercer Mundo.
32. Salir con Daniel ...... una gozada ...... un tío fenomenal.
33. ...... tranquila, (yo) ya no ...... para lujos inútiles.
34. No ...... bien que hables mal de tu familia en público.
35. No te fíes. Ésa ...... de las que tiran la piedra y esconden la mano.

2. **Use la forma de *ser* o *estar* que convenga al sentido de la frase.**

1. Los que tienen mucha gracia, ... graciosos.
2. Pedro no ...... celoso, pero sí muy machista.
3. Oye, Mari, ¿dónde ...... la conferencia?
4. ¿En qué década ......? — ...... en los noventa.
5. En clase ...... veinte, pero hoy sólo ...... dieciocho.
6. ¿Quién ...... en tu casa el primero en levantarse?
7. Aquí (nosotros) ...... de todo: socialistas, católicos, profesionales, obreros...
8. Ni siquiera sabe cuántas ...... dos y dos.
9. La casa ...... pintada, la pintaron ayer.
10. Nadie ha entrado aquí. Todo ...... exactamente igual.
11. Todo el mundo se mete con ellos, por eso ...... asustados.
12. Esta mañana llevaron el coche al taller y ya ...... arreglado.
13. Cerré la ventana hace un rato y vuelve a ...... abierta.
14. Ramón no ...... muy hábil, sino más bien torpe.
15. Camilo José Cela ...... el primer novelista español galardonado con el premio Nobel.

3. **Ponga una forma correcta del verbo *ser* o *estar* en los siguientes ejemplos.**

1. Creo que (ellos) ...... de nuestra parte.
2. (Nosotros) ...... en un aprieto tremendo.
3. Lo que nos ocurrió ...... una experiencia inolvidable.

4. (Él) ...... que muerde. Déjalo en paz.
5. Las calles ...... en una situación lamentable; ...... una vergüenza.
6. Rodolfo ...... el preferido de su madre.
7. ¡Qué viejo ...... (él)! ...... desconocido.
8. Dentro de unos días ...... la boda. ¿Te han invitado?
9. ¡No ...... dejada, Carmen!
10. La carta le ...... devuelta sin abrir.
11. No me ...... desconocida esa cara.
12. Lamento mucho que se ...... cargando el medio ambiente.

4. Conteste a las siguientes preguntas siguiendo el modelo.

MODELO: ¿Es Lidia espléndida con los amigos? → Sí (no), *lo* es.

1. ¿Está lista la cena? →
2. ¿Somos nosotras las invitadas? →
3. ¿Parece Javi un chico despistado? →
4. ¿Estaba cerrado el gas cuando salimos de casa? →
5. ¿Eran sus padres periodistas? →
6. Estaban aburridos los comensales? →
7. ¿Será esa chica la vecina del cuarto? →
8. ¿Es inteligente Katia? →
9. ¿Estás preparado, Luis? →

5. ¿Cuál es la moneda de curso legal usada en los siguientes países?

España → peseta
Italia →
Francia →
Alemania →
Rusia →
Inglaterra →
Portugal →
Holanda →

Japón →
Argentina →
Venezuela →
Estados Unidos →
Suecia →
Grecia →
Bélgica →
Suiza →

Apuntes de clase

UNIDAD

2

6. Coloque una forma correcta del verbo *ser* o *estar* en las siguientes frases. Los adjetivos que van en cursiva pueden admitir uno u otro verbo, según los casos.

1. Espera un momento; ya (yo) ...... *lista* para salir.
2. En cuanto bebe dos copas ...... muy *alegre.*
3. Ese individuo ...... muy *vivo;* no se le escapa nada.
4. No se le puede encargar este trabajo; ...... todavía muy *verde.*
5. El marido de tu hermana ...... un *pesado;* no sabe hablar más que de fútbol.
6. Le gusta esa chica, pero dice que ...... un poco *aburrida.*
7. No puedo ayudarte porque ...... muy *cansado.*
8. Se ha gastado todo el dinero de la herencia en cuatro días; ...... un *perdido.*
9. ...... *fresco* si te crees que me afecta lo que dices.
10. (Él) ...... un chico muy *atento,* ¿verdad?
11. ...... *malo* desde hace cuatro días; tiene que guardar cama.
12. Esta paella me gusta; ...... muy *buena.* Pruébala.
13. (Ella) ...... *alegre* por naturaleza.
14. Me temo que Pedro ...... más *muerto* que vivo.
15. Esa chica ...... más *lista* que el hambre.
16. (Él) ...... un viejo *verde.*
17. He comido demasiado hoy; ...... muy *pesado.*
18. Es un tío que ...... siempre *aburrido;* no sabe divertirse.
19. ...... *cansado* esperar el autobús a pie firme.
20. Si no me echas una mano, ... *perdido.*
21. Será todo lo simpático que quieras, pero ...... un *fresco.*
22. ...... tan *despistado* que no se acuerda ni de su número de teléfono.
23. ¡Qué *despistado* ...... (tú) hoy; éste no es el camino!
24. Hay que ...... muy *atento* a sus palabras; siempre habla con doble sentido.

25. ...... *mala* persona; no lo quiere nadie en el pueblo.
26. Le criticaban por su rudeza, pero demostró ...... *bueno* con la donación que hizo a los pobres.
27. El que no ...... *agradecido,* no es bien nacido, dice el refrán.
28. Te ...... muy *agradecido* por el detalle que has tenido conmigo.

7. Ponga una forma correcta de los verbos *ser* o *estar.*

1. Nosotros ...... necesitados de dinero y de buenos consejos.
2. La vida ...... así; no se puede cambiar por mucho que lo intentes.
3. No puedo acompañarte; (yo) ...... pendiente de una llamada telefónica.
4. Ese muchacho no ...... en sus cabales. Hace cosas rarísimas.
5. El rey de Suecia ...... esperado con gran expectación.
6. Ya (yo) ...... harto de oír el mismo rollo a todas horas.
7. La carrera ciclista ...... el próximo domingo.
8. ¿...... (tú) en lo que digo?
9. En seguida (yo) ...... con usted; haga el favor de esperar un momento.
10. (Él) ...... fuera de Madrid durante dos semanas.
11. El que no ...... conmigo, ... contra mí.
12. Esta chaqueta le ...... muy mal. Le queda pequeña.
13. España ...... a la cabeza de Europa en la producción de aceite de oliva.
14. ¡Bueno, ya ...... bien de pamplinas, Felisa!
15. Hace un año, (él) ...... a dos pasos de la muerte. Ya ni se acuerda.
16. Granada no ha cambiado nada; ...... igual que el año pasado.
17. El hermano mayor de esa niña ...... hecho un hombretón.

8. Use las siguientes expresiones con los verbos *ser* y *estar* en frases que muestren claramente su significado.

Estar bien (mal) visto.	*Estar* desconocido(a).
Ser una virguería.	*Ser* una gozada.
Estar al corriente (de).	*Estar* hecho(a) polvo.
Ser pasota.	*Ser* gafe.
Estar ilusionado(a).	*Estar* en la inopia (en las nubes).
Ser ordinario(a).	*Ser* goloso(a).
Estar de cachondeo.	*Ser* un chollo.
Estar en paz.	*Estar* al margen.
Estar por + infinitivo.	*Estar* para + infinitivo.
Ser cursi.	*Ser* hortera.

9. **Separe por sílabas las siguientes palabras.**

rellano	altruismo
eslabón	deshonra
inspección	vehículo
transistor	articulación
exuberante	torbellino

10. **Explique el sentido de los siguientes modismos y expresiones y empléelos en frases.**

Hacerse el sueco.	Haber moros en la costa.
Ponerse en fila india.	Ensaladilla rusa.
Ser un cuento chino.	Cabeza de turco.
Tortilla a la francesa.	Tortilla a la española.
Beber como un cosaco.	Hablar chino.

11. **¿Cuáles de estos pescados, mariscos y moluscos se consumen en su país?**

merluza	centollo(a)	percebe	mejillón
bonito	lenguado	almeja	trucha
pulpo	calamar	bacalao	salmón
langosta	gamba	langostino	sardina

Apuntes de clase

UNIDAD

3

12. Forme la segunda persona, del singular y plural, del imperativo de los siguientes verbos (tratamiento familiar).

1. Hacer.	9. Venir.	17. Decir.
2. Ir.	10. Traducir.	18. Salir.
3. Poner.	11. Jugar.	19. Volver.
4. Pedir.	12. Leer.	20. Oír.
5. Conducir.	13. Huir.	21. Corregir.
6. Abrir.	14. Morirse.	22. Reírse.
7. Freír.	15. Romper.	23. Escribir.
8. Mirar.	16. Ser.	24. Estar.

13. Ponga en forma negativa las siguientes formas verbales.

1. Vete.	8. Sube.	15. Piénsalo.
2. Quéjate.	9. Dilo.	16. Ven.
3. Dormiros.	10. Escribidlo.	17. Callaos.
4. Abridlos.	11. Léelo.	18. Esperadles.
5. Compradlos.	12. Seguid.	19. Recibidle.
6. Cerrad.	13. Cógelo.	20. Tomaos.
7. Quiere.	14. Entregadlos.	21. Id (iros).

14. Ponga los verbos en cursiva en la correspondiente persona del imperativo.

1. *Sembrar* (tú) tomates en tu huerto.
2. *Ir* todos (nosotros) a la manifestación.
3. *Traer* (usted) las herramientas necesarias.

4. *Hacer* (vosotros) lo que os he dicho.
5. *Decir* (ellos) lo que sepan.
6. *Tener* (vosotros) cuidado con ese tipo.
7. *Volver* (tú) lo antes posible.
8. No *huir* (vosotros).
9. *Darme* (ustedes) su nombre.
10. No *mentir* (tú), niño.
11. *Vestirse* (ellos) pronto.
12. *Colgarlo* (tú) ahí.
13. *Oler* (ustedes) este perfume.
14. *Ser* (tú) bueno y tendrás tu recompensa.
15. *Medir* (nosotros) la longitud de la habitación.
16. *Teñir* (usted) ese vestido y le quedará bien.

15. Elija entre los interrogativos *qué* y *cuál(es)* el que más convenga al contexto.

1. ¿...... regalo le habéis hecho?
2. ¿...... de todos ellos es el más barato?
3. ¿...... diferencia hay?
4. ¿...... es la diferencia entre estas dos palabras?
5. ¿...... asuntos han tratado en la reunión?
6. ¿...... de estos asuntos te interesan?
7. ¿A ...... cine vamos?
8. ¿...... busca usted aquí?
9. ¿...... (de ellos) prefiere usted?
10. ¿...... piensa Ana de todo esto?
11. ¿...... piensa elegir de todos ellos?
12. ¿En ...... piensas?
13. ¿Con ...... lo escribiste?
14. ¿Con ...... (de ellos) lo escribiste?
15. ¿...... dinero me debes?
16. ¿...... es el que más te gusta?
17. ¿...... es lo que más te gusta?

16. Transforme las siguientes interrogativas indirectas en directas.

MODELO: No sé a qué hora llegaste. → ¿A qué hora llegaste?

1. No comprendo qué le has podido decir. →

2. Nunca dice qué hace fuera de casa. →
3. No me importa qué (lo que) ha dicho. →
4. Ahora no recuerdo dónde le conocí. →
5. No sé si era malo o bueno. →
6. Le pregunté (que) si quería acompañarnos. →
7. Al final no aclaró cuál prefería. →
8. No preguntamos cuánto costaba. →
9. No me dijo quién había llamado. →
10. No veo cómo puedo hacerlo. →
11. Ni siquiera sabe cuántas son dos y dos. →

17. Diga los adjetivos que expresan la idea contraria a los siguientes.

1. La fruta está *verde*.
2. Esta calle es muy *ancha*.
3. La película fue *divertida*.
4. Esta silla es muy *pesada*.
5. El clima de esta región es *seco*.
6. La ropa está *mojada*.
7. Es un hombre muy *trabajador*.
8. Estas manzanas están *podridas*.
9. Es un niño *salvaje*.

18. Dé nombres a los siguientes signos ortográficos.

(,) - (;) - ("") - (ü) - (¿?) - (¡!) - (...) - (()) - (-) - (.).

19. Use la palabra que mejor le vaya al contexto.

1. ¿A cuánto está el ...... de tomates?
2. ¡Hombre! Con veinte ...... de gasolina tienes de sobra.
3. La niña recorrió más de veinte ...... a gatas.
4. ¿A cuánto salen los cien ...... de jamón?
5. Ese tractor puede llevar diez ...... de peso.
6. Para hacer la tarta se necesita una ...... de huevos.
7. Hay que meterle unos ...... al pantalón.
8. Vete al mercado y tráeme 1/4 de gambas, 300 ...... de chorizo, 1/2 ......
   de arroz y un ...... de aceite de oliva.

Apuntes de clase

UNIDAD

4

20. **Ponga los siguientes verbos en primera persona del singular y plural del presente de indicativo.**

1.	Apretar.	14.	Jugar.	27.	Morder.
2.	Adquirir.	15.	Temblar.	28.	Poder.
3.	Querer.	16.	Nacer.	29.	Agradecer.
4.	Conocer.	17.	Mentir.	30.	Tener.
5.	Colgar.	18.	Venir.	31.	Salir.
6.	Oír.	19.	Traer.	32.	Huir.
7.	Concebir.	20.	Pedir.	33.	Seguir.
8.	Reír.	21.	Gemir.	34.	Rendir.
9.	Vestir.	22.	Repetir.	35.	Sentir.
10.	Herir.	23.	Divertirse.	36.	Caber.
11.	Saber.	24.	Decir.	37.	Hacer.
12.	Merendar.	25.	Dar.	38.	Ir.
13.	Recordar.	26.	Envejecer.	39.	Conducir.

21. **Sustituya los verbos de estas frases por las formas correspondientes del presente simple de indicativo.**

1. Te *veré* mañana.
2. La guerra de la Independencia española *comenzó* en 1808.
3. *Está trabajando* intensamente estos días.
4. *Llegarán* el próximo sábado.
5. Le *estoy diciendo* a usted que antes de hacer nada lo piense dos veces.
6. Shakespeare y Cervantes *murieron* en el mismo año.

22. Transforme las siguientes frases utilizando *llevar, hacer* o *desde hace*, haciendo los cambios sintácticos pertinentes, según convenga en cada caso.

1. Hace cinco años que está fuera de España. →
2. ¿Cuánto hace que está usted en Madrid? →
3. Lleva dos días sin probar bocado. →
4. Estudia francés desde hace tres años. →
5. Llevo una hora esperándote. →
6. No le he vuelto a ver desde hace tres meses. →

23. Coloque el verbo en cursiva en presente y utilice el pronombre personal que exige el contexto.

1. A nosotros *faltar* ...... mil pesetas.
2. A mí *faltar* ...... tiempo para terminar lo que tengo proyectado.
3. Todavía *sobrar* ...... a ella treinta duros.
4. Ese tipo de chicas no *ir* ...... a él.
5. A vosotros *encantar* ...... la zarzuela.
6. Los pedantes *caer* ...... mal a él.
7. Sé que a usted *desagradar* ...... estas cuestiones.
8. A mí no *gustar* ...... las gafas de sol.
9. A ellos *quedar* ...... cinco días para iniciar sus vacaciones.
10. Ya sé que a ti *fastidiar* ...... las fiestas de sociedad.
11. Ahora *tocar* ...... a nosotros pagar la siguiente ronda.
12. A ella *faltar* ...... valor para hacerlo.
13. Siempre que come fabada no *sentar* ...... bien.
14. Esa corbata *sentar* ...... fatal a ti.
15. A Carmina *estar* ...... bien ese peinado.
16. ¿*Apetecer* ...... a usted un güisqui?
17. Sabemos que a tu primo no *caer* ...... bien nosotros.
18. Os ha sonreído; estoy seguro de que vosotros *gustar* ......
19. A nosotros *hacer falta* ...... ayuda.
20. Mira, Manolo, sé que (yo) no *gustarle* ...... a Mabel, pero ella *gustar* ...... a mí. ¡Qué voy a hacer!

24. Ponga acento ortográfico a las palabras que lo necesiten.

esteril	menu	amais
futil	alcohol	regimenes
revolver	amabais	volveis
trauma	equivoco	silaba
Sanchez	verosimil	miercoles
crisis	reloj	silabico
super	mastil	especimen
imbecil	examen	estandar
huesped	casual	escribierais
vivis	cantaro	calor
haceis	recien	devolvais
heroe	linea	area

25. Haga frases con las siguientes expresiones que establezcan claramente sus diferencias de significado.

salir ≠ irse ≠ marcharse
hacerse tarde ≠ llegar tarde ≠ ser tarde
tener (llevar) prisa ≠ correr prisa ≠ meter prisa
dar la razón ≠ tener (llevar) razón ≠ quitar la razón
atropellar ≠ pisar ≠ chocar

26. Lea en voz alta las letras del abecedario español.

a, b, c, ch, d, e, f, g, h, i, j, k, l, ll, m, n, ñ, o, p, q, r, rr, s, t, u, v, w, x, y, z.

27. Diga cómo se llaman los que se dedican a estas actividades.

1. El que vigila las calles de noche. →
2. El que hace pan. →
3. El que barre las calles. →
4. El que arregla la instalación del agua. →
5. El obrero de la construcción de casas. →
6. El que trabaja la tierra. →
7. El que arregla la instalación eléctrica. →

8. El que dirige la circulación. →
9. El que se dedica a la pesca. →
10. El que vende pescado. →
11. La mujer que lava la ropa. →
12. La mujer que se dedica a coser. →
13. La mujer que trabaja por horas en el servicio doméstico. →
14. El que vende carne. →
15. El que vende leche. →
16. El que conduce un camión. →
17. El que apaga el fuego. →
18. El que limpia las chimeneas. →
19. El que aplica la anestesia. →
20. El que quita los callos de los pies. →

Apuntes de clase

UNIDAD

5

28. **Ponga los verbos siguientes en la tercera persona del singular y segunda del plural** *(vosotros)* **del pretérito indefinido.**

1. Ir.	11. Suponer.	21. Venir.
2. Traducir.	12. Decir.	22. Salir.
3. Hacer.	13. Huir.	23. Ver.
4. Despertar.	14. Andar.	24. Dormir.
5. Soltar.	15. Tener.	25. Volcar.
6. Recoger.	16. Haber.	26. Ser.
7. Conducir.	17. Divertirse.	27. Probar.
8. Reírse.	18. Sentirse.	28. Leer.
9. Vestirse.	19. Destruir.	29. Construir.
10. Referirse.	20. Romper.	30. Caer.

29. **Coloque los verbos que van entre paréntesis en la persona del pretérito indefinido correspondiente.**

1. (Él) no (dormirse) ...... hasta las seis de la mañana.
2. (Ella) (caerse) ...... en la zanja y se (romper) ...... una pierna.
3. (Nosotros) nunca (saber) ...... la verdad.
4. (Ellos) (traer) ...... las herramientas en un santiamén.
5. ¿(Corregir) ...... ustedes los ejercicios de la última clase?
6. Los romanos (construir) ...... muchos puentes y carreteras.
7. Sí, (yo) (oír) ...... lo que decía, pero no (querer) ...... contestarle.
8. (Yo) los (conducir) ...... al jardín.
9. (Él) (morirse) ...... de pena.
10. No me (caber) ...... la menor duda de su idiotez.
11. (Ellos) (ponerse) ...... las botas.

12. (Ella) (tener) ...... que retractarse de sus palabras.
13. (Él) (decir) ...... que llegaría tarde.
14. Los soldados (huir) ...... en todas direcciones.
15. (Yo) (traducir) ...... el párrafo en veinte minutos.

30. Dé la forma apropiada del pretérito imperfecto o del pretérito indefinido.

1. Ayer ...... (pasar-yo) un día extraordinario.
2. Por esas fechas (ella) ...... (venir) todos los años.
3. ...... (haber) una vez un rey que tenía dos hijas.
4. A los dieciocho años (nosotros) ...... (creer) que la vida era todo rosas.
5. Cuando ...... (llegar-tú) a Madrid ...... (tener-tú) veinticinco años.
6. En aquel momento ...... (comprender-nosotros) la verdadera razón de su comportamiento.
7. ...... (ser) un día de invierno.
8. ...... (recibir-ellos) muchos regalos aquella Navidad.
9. ...... (soler-él) cantar todas las mañanas mientras ...... (afeitarse).
10. El lunes pasado (ir-nosotros) ...... de viaje.
11. ¿...... (querer-vosotros) estudiar cuando ...... (interrumpiros-yo)?
12. (Ser) ...... un día de invierno, cuando (yo) la (conocer) ....
13. Ayer (estar) ...... nevando sin parar toda la noche.
14. El lunes pasado (nosotras) (ir) ...... de viaje, cuando (estropearse) ...... el coche.

31. Dé la forma adecuada del pretérito imperfecto o del pretérito indefinido en las siguientes oraciones.

1. Antes de que se me olvide, ¿qué (tú) *hacer* ...... la semana pasada?
2. ¿Cada cuánto (ellas) *visitar* ...... a su familia?
3. Aquella cuaresma (nosotros) *no tomar* ...... una sola copa de alcohol.
4. Por lo general (ella) *soler* ...... pasar los domingos en el campo.
5. ¡Puf! El otoño de 1989 *ser* ...... uno de los más lluviosos del siglo.
6. Durante más de un año (ellos) sólo *utilizar* ...... el Metro para moverse en Madrid.
7. Todos los días de esas navidades (yo) *trabajar* ...... como una loca.
8. Siempre tomábamos un café a las cinco, esa tarde (nosotros) *tomarlo* ...... a las seis, si mal no recuerdo.

9. Los lunes (yo) *llegar* ...... a casa temprano; pero ese lunes (yo) *llegar* ...... tardísimo.
10. Pablo *estar* ...... sin salir de casa más de un mes.
11. Cuando (usted) *buscar* ...... empleo, era muy difícil encontrarlo.
12. No hay derecho, mientras (tú) *pasarlo bien* ......, yo *aburrirme* ...... como una ostra.
13. El verano pasado (ella) *recorrer* ...... medio mundo.
14. El sábado (yo) *estar* ...... oyendo música «rock» toda la tarde.
15. Entonces (ellos) *ser* ...... machistas; hoy son feministas.
16. Ahora lo recuerdo; antes (yo) no lo *recordar* ....
17. Hace ocho años (vosotras) *fumar* ...... un paquete al día; hoy ni lo tocáis.
18. En 1980 (ella) *tener* ...... buena voz, hoy apenas se la oye.

32. Tache la forma incorrecta del imperfecto o del indefinido que está entre paréntesis.

(Era-estaba) una tarde gris de noviembre. A lo lejos (se vio-se veía) la silueta de un barco que (desapareció-desaparecía) por el horizonte. El mar (estaba-era) en calma. Un barquito (se acercaba-acercó) lentamente a la playa. De repente (se oía-se oyó) un trueno y en seguida (comenzaban-comenzaron) a caer gruesas gotas. Juan, que no (llevó-llevaba) paraguas, se (metió-metía) en el portal de una casa para no mojarse. La casa pertenecía a un hombre que (estaba-estuvo) en América muchos años y ahora (era-fue) el alcalde del pueblo. La gente le (respetaba-respetó) por su honradez y generosidad.

33. Explique el sentido de las siguientes expresiones con el verbo *hacer*.

1. No se cansa de hacer el ganso.
2. Me molesta hacer el primo.
3. ¡Oye, no te hagas de nuevas!
4. Estoy hecho polvo.
5. Ya están hechas al clima de este país.
6. ¡No le haga usted caso!
7. Hacer el ridículo.
8. Hacerse el/la + adjetivo (se hizo la tonta).

34. Haga frases que acompañen a las siguientes exclamaciones e interjecciones.

¡Ánimo y adelante!	¡Zas!
¡Uy!	¡Hala!
¡Qué va!	¡Socorro!
¡Jo!	¡Qué horror!
¡Ya basta!	¡Hombre!
¡Qué asco!	¡Vale!
¡Mujer!	¡Ostras!
¡Puf!	¡Dios mío!
¡Jesús!	¡Caray!
¡Cómo!	¡Jolines!

Apuntes de clase

UNIDAD

6

35. Cambie los verbos en cursiva de cada una de estas oraciones al eje del pasado.

> MODELO: Siempre que *tengo* una idea, Rosi ya *ha tenido* otra mejor antes. →
> Siempre que *tenía* una idea, Rosi ya *había tenido* otra mejor antes.

1. Cada vez que *quiero* sacar buenas localidades, otras personas *las han sacado antes.*
2. Cuando Toni *llega* a casa su familia ya *ha cenado.*
3. Cada vez que le *digo* que la quiero, otros se lo *han dicho* antes.
4. Nosotras no *hacemos* karate pero ellas últimamente *han hecho* mucho.
5. Sus hermanos *están* en Suecia, los míos *han estado* en Marruecos.
6. Yo *desayuno* pan con mantequilla, tú sólo *has desayunado* cereal.
7. Siempre que le *invito,* alguien le *ha invitado* antes.
8. Cuando tú *estás* a la mitad del trabajo, Carmina ya *ha terminado* el suyo.

36. Conteste a las siguientes preguntas, utilizando las formas de futuro o condicional simples de probabilidad.

> MODELO: ¿Qué edad *tiene?* → *Tendrá* treinta años.

1. ¿Cuántas horas estudiabas al día? →
2. ¿Dónde vive Juan ahora? →
3. ¿Quién lo hizo? →
4. ¿Cuánto cuesta alquilar un piso en Madrid? →
5. ¿Por qué llegó tarde Enrique a la reunión? → Porque ......
6. ¿Dónde conoció a su novia? →
7. ¿A qué se dedicaba en aquel entonces? →
8. ¿Qué piensa hacer ahora? →

9. ¿Con quién colabora en ese proyecto? →
10. ¿Por qué discutía tan a menudo con su secretaria? → Porque ......

37. Ponga los verbos en un tiempo verbal que exprese probabilidad según convenga al sentido de cada frase.

1. ¿Qué *(pensar)* ...... la mujer de los extraños viajes de su marido?
2. ¿Por qué no (él) *(haber)* ...... asistido a clase esta mañana?
3. ¿Qué le *(estar)* ...... diciendo al oído?
4. ¿Cómo se las *(haber)* ...... arreglado sin muchacha?
5. Vive a lo grande, ¿*(él-haber)* ...... ganado las quinielas?
6. ¿Con quién *(ella-salir)* ...... últimamente?
7. ¿Desde dónde *(ellos-haber)* ...... enviado esta postal?
8. ¿Hasta qué punto *(ellos-creerse)* ...... lo que dicen?
9. ¿Para qué *(vosotros-meterse)* ...... en ese asunto?
10. ¿Cuándo *(él-acabar)* ...... la carrera?

38. Sustituya la forma verbal en cursiva por un futuro, donde sea posible, sin cambiar el significado.

1. Seguramente *tiene* catorce años.
2. Dentro de dos días *nos vamos* al campo.
3. ¿*Es* verdad lo que me dices?
4. Hoy *hace* un día espléndido.
5. En los países nórdicos *anochece* muy temprano.
6. *Amanece* cansado todos los días.
7. ¿*Va* usted muy lejos?
8. Creo que *llega* de madrugada.
9. Del cruce *salen* tres carreteras.
10. Supongo que *sabe* usted ya el resultado de las elecciones.
11. Me temo que no *está* de acuerdo.
12. Villarrobledo *es* un pueblo más bien pequeño.
13. *Prefiero* vivir en el ático.
14. Está seguro de que *terminan* la obra antes de junio.
15. Juan *es* masón; me lo han dicho en diversas ocasiones.
16. Probablemente le *den* el premio.
17. Te prometo que *voy* a tu boda.
18. *Tiene* usted que cumplir su compromiso.

39. **Sustituya las palabras en cursiva por el tiempo de probabilidad que se adapte al contexto.**

1. *Seguramente era* muy viejo. →
2. *Hay unos* cinco millones de personas en Madrid. →
3. Ayer *corrimos alrededor de* tres kilómetros. →
4. Esa calle *está aproximadamente* a tres manzanas de aquí. →
5. *Fumaban* treinta pitillos al día *más o menos*. →
6. *Probablemente le habían visto* a eso de las siete. →
7. *A lo mejor lo sabe,* pero no quiere decírtelo. →
8. *Tal vez han ganado* más de dos millones a la Bolsa. →
9. *Va* al teatro *como* dos o tres veces al mes. →
10. *Había recorrido más o menos* las tres cuartas partes de África. →

40. **Explique el sentido de las siguientes locuciones con el verbo *dar*.**

1. ¡No me dé usted la lata!
2. El reloj ha dado las doce.
3. Se las da de listo.
4. ¡Qué más da, hombre!
5. Se dieron la mano muy cordialmente.
6. Le di la enhorabuena por su éxito.
7. ¿Me acompañas? Voy a dar un paseo.
8. Me has dado un susto de muerte.
9. El alcalde dio la bienvenida al nuevo arzobispo.
10. No doy con la solución de este problema.
11. Tienes que darle de comer al niño.
12. Ayer me diste un plantón.
13. ¡Jo!, me dio un corte...

41. **¿Qué diferencia de significado hay entre estas palabras?**

1. El bando ≠ la banda.
2. El fondo ≠ la fonda.
3. El lomo ≠ la loma.
4. El mango ≠ la manga.
5. El modo ≠ la moda.

6. El punto ≠ la punta.
7. El resto ≠ la resta.
8. El río ≠ la ría.
9. El suelo ≠ la suela.
10. El bulo ≠ la bula.

Apuntes de clase

42. Ponga los verbos en cursiva en la forma adecuada del futuro de indicativo, simple o compuesto, según convenga.

1. (Nosotros) *ir* ...... a despedirles al aeropuerto.
2. Supongo que (él) *estar* ...... en casa, pero no estoy seguro.
3. Creo que (ellos) nos *dar* ...... una paga extraordinaria para Navidad.
4. Para cuando lleguen las vacaciones ya (nosotros) *terminar* ...... el trabajo.
5. ¿Qué hora *ser* ......?
6. ¿*Ser* ...... posible que nos hayamos gastado todo el dinero ya?
7. (Él) *venir* ......, no lo dudo, pero no le he visto.
8. Los solicitantes *pedir* ...... los formularios en la ventanilla número 15.
9. Al llegar a tu destino, (tú) *hablar* ...... lo antes posible con el patrón.
10. Para entonces, la autopista ya *estar* ...... terminada.
11. Ya (nosotros) *ver* ...... lo que pasa cuando se descubra el secreto.
12. Si Dios no lo remedia, esto *acabar* ...... muy mal.
13. (Ellos) *marcharse* ...... porque la casa parece cerrada.
14. (Él) *tener* ...... unos cincuenta años, pero no los aparenta.
15. No *haber* ...... más remedio que aguantar la fiestecita.
16. Para cuando lleguen, ya (tú) *cenar* ......

43. Dé la forma correcta del condicional, simple o compuesto, en las siguientes frases.

1. Dije que (yo) *solucionar* ...... el asunto, para cuando llegaran.
2. Prometió que nos *pagar* ...... en cuanto cobrase.
3. (Nosotros) *estar* ...... arreglados si te hiciéramos caso.
4. ¿Qué (tú) *hacer* ...... sin mí?
5. Anunció que *tratar* ...... de conseguir una respuesta para el lunes.

6.· Me *fastidiar* ...... que llegarais tarde.
7. *Pasar* ...... dos horas cuando sonó la sirena de alarma.
8. En la reunión *haber* ...... unas 25 personas.
9. ¿No *ser* ...... mucho pedir que me llevara en su coche a casa?
10. ¿Por qué *discutir* ...... tanto de aquel asunto?
11. *Ser* ...... las cuatro de la mañana cuando empezó la tormenta.
12. El alcalde *poner* ...... más luces en esta calle si los niños no las rompieran.
13. (Yo) *tener* ...... que estudiar la situación antes de ponerme a trabajar.
14. Elena *casarse* ...... si hubiera encontrado un hombre que le conveniera.
15. El Ayuntamiento *solucionar* ...... el problema del tráfico si los usuarios del automóvil contribuyéramos un poco.
16. (Yo) *quedar* ...... muy agradecido por la información, si me la hubieras dado.

44. Cambie los verbos en cursiva al eje del pasado.

MODELO: Estoy convencido que para dentro de cinco meses todo *se habrá solucionado:* → Estaba convencido de que para dentro de cinco meses todo *se habría* solucionado.

1. *Dice* que cuando *acabe* la temporada de fútbol *habrá empezado* el verano.
2. *Sé* que cuando *pasen* cinco años *habré escrito* dos novelas más.
3. Te *aseguro* que en cinco meses *habremos vendido* todas las existencias.
4. Nos *garantiza* que para el verano *habremos ganado* más de un millón en la Bolsa.
5. *Se comenta* que antes del año 2000 se *habrán solucionado* muchos de los problemas actuales.
6. *Creemos* que para cuando tú te *cases* nosotros ya *habremos tenido* un par de niños.
7. Me *figuro* que cuando yo *tenga* treinta años tú *habrás cumplido* veinte.
8. Para cuando tu amiga *acabe* derecho tú ya *habrás hecho* el «master».

45. Ponga el acento en las palabras en cursiva que lo requieran.

1. *Mi* caso es distinto al tuyo.
2. *Si* corres los visillos tendremos más luz.
3. *El* que mucho corre, pronto para.
4. *Este* que me presentas me gusta más.

5. *Aquel* olivo es centenario.
6. En *esa* bodega venden jerez a granel.
7. No sé *donde* se ha metido.
8. Lo digo *porque* me sale de dentro.
9. Son *solo* las ocho; no tengas tanta prisa.
10. A *mi* esos gestos no me impresionan.
11. Estaban hablando entre *si*.
12. El provecho es para *el* y las penas para nosotros.
13. La lavadora *esta* lleva varios días estropeada.
14. Prefiero *aquel* a *este*.
15. ¡A *ese*, a *ese!*
16. No te metas *donde* no te llaman.
17. Está *sola* la mayor parte del día.
18. No sé con *cual* quedarme.
19. *¡Que* nos dejen en paz!
20. *¡Que* locura!
21. *Aun* insiste en que no ha cumplido treinta años.
22. *¡Como* vayas allí, me enfado contigo!

46. Deletree y haga la separación silábica de las siguientes palabras.

buhardilla   paraguayo
machismo   hematoma
desquiciamiento . paradigma

47. Conteste a las siguientes preguntas con la palabra adecuada.

1. ¿Con qué se limpian los zapatos? →
2. ¿Con qué protegemos las manos del frío? →
3. ¿Con qué se cose un botón? →
4. ¿Con qué se enciende el fuego? →
5. ¿Con qué se come la comida china? →
6. ¿Con qué se sujetan los zapatos? →
7. ¿Con qué se pinta un cuadro? →
8. ¿Con qué se juega al tenis? →
9. ¿Con qué se mata moscas, mosquitos, cucarachas, etc.? →
10. ¿Con qué se sube a sitios difíciles? →

11. ¿Con qué prenda de vestir se toma el sol? →
12. ¿Con qué se desmonta la rueda pinchada de un coche? →
13. ¿Con qué aparato se tritura y mezclan alimentos? →
14. ¿Con qué se salta a la comba? →
15. ¿Con qué protegemos las gafas? →

Apuntes de clase

UNIDAD 8

48. Ponga los verbos en cursiva en forma continua o progresiva en los casos en que sea posible, sin cambiar el sentido.

1. Por aquella época (él) *escribía* sus memorias.
2. (Ella) *estudia* para sociólogo desde hace dos años.
3. El domingo a estas horas (nosotros) *paseábamos* por la Alhambra.
4. No sé si (nosotros) *habremos acabado* el proyecto para el 31, pero de todas formas te lo comunicaremos.
5. Supongo que (ellos) *se habrán divertido* de lo lindo aunque a mí no me dijeron nada.
6. (Ellos) *gastan* el dinero en lujos esta temporada.
7. El padre lo *mantenía* mientras estudiaba en la Universidad.
8. ¿Qué comes, José Ángel? — *Como* pan.
9. Mi suegro es abogado, pero *trabaja* en un taller mecánico.
10. Le *digo* a usted que ya no vive aquí.
11. Raramente *vemos* televisión.
12. ¿Juan, me *oyes?* — Sí, te oigo perfectamente.
13. Elena se *casa* dentro de un par de semanas.
14. ¿Qué le sucede a la niña? *Llora* mucho.
15. En este momento el Presidente del Congreso *da* la bienvenida a su colega italiano.
16. ¿Qué *hacen* (ellos) que llevo un rato largo sin oírlos? — (Ellos) *dormir.*
17. Cuando recibas el telegrama (nosotros) *habremos llegado* a Barcelona.
18. *Nevó* toda la mañana y luego salió el sol.

49. Ponga los verbos en cursiva en la forma continua o progresiva y en un tiempo adecuado.

1. Durante aquel año (el) *vivir* con su tía.
2. Desde hace dos meses (ella) *trabajar* de secretaria.

3. Mañana por la mañana nosotros *volar* sobre el Atlántico.
4. (Nosotros) *intentar* durante una hora comunicarnos con él por teléfono, pero no pudimos.
5. Creo que estos días (él) *gestionar* su pasaporte.
6. ¿Qué *pensar* (tú) que no dices nada?
7. Como *llover* toda la tarde, no quisimos salir.
8. Es una presumida; *mirarse* al espejo todo el día.
9. Él *recibir* muchas felicitaciones por lo de su tesis doctoral.

50. Rellene los puntos con un verbo adecuado.

1. Se ...... al examen sin saber nada.
2. Al ver a la policía, él ...... a correr.
3. Has ...... una tontería mayúscula.
4. ¿Le gusta a usted ...... el piano?
5. Mi hermana ...... veinte años mañana.
6. Se fue a ...... un paseo.
7. Por efectos de la tempestad el barco ......
8. Fue a ...... el pelo.
9. Se ...... los zapatos porque le hacían daño en los pies.
10. ¿Se ha ...... usted la medicina?
11. Se han ...... a una nueva casa.
12. El automóvil se ...... contra un árbol.

51. Diga los adjetivos de significación contraria.

1. Ese hombre es muy *trabajador*.
2. Es una calle de dirección *doble*.
3. Es un chiste *gracioso*.
4. Es un soldado *valiente*.
5. Siempre habla de casos *particulares*.
6. Es un chico muy *callado*.
7. El fuego está *encendido*.
8. El trabajo está bastante *adelantado*.
9. Tienen el jardín muy *cuidado*.
10. Esa solución es *inadecuada*.
11. Tiene el pelo *suave*.
12. El caldo está muy *espeso*.

52. Lea e identifique los extranjerismos de la columna de la izquierda con una palabra española de la derecha.

shorts	explosión
flirt	payaso
water	aventura amorosa
convertible	estrés
sprint	altavoz
boom	hacer dedo
interview	servicios
slogan	lema publicitario
stress	esnob
snob	existencias
chance	esfuerzo final
stock	entrevista
auto stop	oportunidad
clown	descapotable
bafle	pantalones cortos
handicap	desventaja
holding	grupo empresarial

Apuntes de clase

UNIDAD

9

53. **Diga la tercera persona del singular del presente e imperfecto de subjuntivo de los infinitivos siguientes.**

1. Ir.	12. Sentirse.	23. Venir.
2. Traducir.	13. Decir.	24. Salir.
3. Hacer.	14. Huir.	25. Ver.
4. Valer.	15. Soñar.	26. Dormir.
5. Soltar.	16. Aprender.	27. Volver.
6. Recoger.	17. Tener.	28. Dibujar.
7. Conducir.	18. Haber.	29. Ser.
8. Reírse.	19. Regañar.	30. Probar.
9. Sentir.	20. Sentarse.	31. Leer.
10. Referirse.	21. Destruir.	32. Construir.
11. Caber.	22. Romper.	33. Vaciar.

54. **Ponga los infinitivos en cursiva en un tiempo correcto del subjuntivo.**

1. (Yo) quería que (ustedes) *estar* ..... contentos y *vivir* ..... bien.
2. Le dijo que *buscarse* ..... un sustituto cuanto antes.
3. Era esencial que todos los testigos *presentarse* ..... al juicio.
4. Hizo falta que *intervenir* ..... la policía y los bomberos.
5. Me alegró mucho que (ellos) os *conceder* ..... la beca para Suecia.
6. Resulta increíble que *haber* ..... personas tan poco atentas y serviciales.
7. El guarda les prohibió que *arrancar* ..... las flores del parque.
8. Indícale al camarero que *traer* ..... la cuenta.
9. Todos tenían un poco de miedo de que la situación *cambiar* ....
10. Le rogué que *subirme* ..... el sueldo, ni siquiera me escuchó.
11. Preferiría que (ellos) no *ser* ..... tan habladores.
12. Sentí mucho que (ustedes) no *estar* ..... el día de nuestra boda.

13. Había pensado en que os *venir* ...... a casa a charlar un rato.
14. (Fue una) lástima que se *apagar* ...... la luz en el momento más interesante.
15. Ya era hora de que (vosotros) *aparecer* ......
16. El cura se negó a que (ellos) *usar* ...... el patio de la iglesia.
17. Era condición indispensable que el ganador *obtener* ...... un 65 por 100 de los votos.
18. No es verdad que últimamente la vida *subir* ...... bastante en ese país.

55. Coloque los verbos en cursiva en la forma correcta del presente de indicativo o del subjuntivo, según convenga.

1. He observado que (usted) *estar* ...... un poco pálido estos días. ¿Qué *pasarle?* ......
2. No creo que (él) *tener* ...... la osadía de presentarse aquí.
3. Noto que su pulso *ser* ...... normal. (Usted) no *tener* ...... que preocuparse.
4. Temo que no *resultar* ...... tan bien como (usted) *decir* ....
5. Creo que (yo) *ganar* ...... lo suficiente para permitirme estos lujos.
6. Dice que todos sus compañeros *estar* ...... locos, y no se da cuenta de que el loco *ser* ...... él.
7. Haz el favor de decirle que *dejarme* ...... en paz.
8. Veo que (usted) *ir progresando* ...... poco a poco; eso *satisfacerme* ....
9. Admito que (él) *tener* ...... razón, pero (yo) no *consentirle* ...... que (él) *ser* ...... maleducado.
10. Espero que todo *solucionarse* ...... a satisfacción general.
11. Sentimos mucho que (usted) *haberse* ...... perdido el primer acto.
12. Siento que *estarme* ...... poniendo enfermo y me *ir* ...... a dar algo.
13. Hace (como) que *estimarme* ...... mucho cuando necesita dinero.
14. Me duele un poco que (tú) *tratarme* ...... así.
15. No merece la pena que nos *preocupar* ...... por tan poca cosa.
16. Me temo que no *resultar* ...... tan sencillo como parece.
17. Nos alegra que (tú) *ganar* ...... lo suficiente para permitirte esos lujos.
18. Reconozco que Laura *ser* ...... una chica estupenda y que *valer* ...... la pena.
19. Por fortuna nos fijamos a tiempo en que el disco *estar* ...... rojo.
20. Le recomendamos a (usted) que *ser* ...... más discreto en sus afirmaciones.

56. Termine las siguientes oraciones con una frase que tenga sentido (interrogativas indirectas).

1. Ahora no recuerdo dónde ......
2. Le pregunté si ......
3. A nosotros no nos importa si ......
4. No me dijeron quién ......
5. Nunca explicó cuál ......
6. No sé lo que ......
7. No veía cómo ......
8. Le preguntaron (que) cuánto tiempo ......
9. Todavía no sabemos cuándo ......
10. No comentaron (qué era) lo que ......

57. Haga frases que tengan sentido con los siguientes verbos.

pedir ≠ preguntar
saber ≠ probar
atragantarse ≠ asfixiarse
hacer tiempo ≠ entretenerse
equivocarse ≠ tener razón
llegar tarde ≠ ser tarde
tardar ≠ llevar tiempo

58. Haga frases que expresen la diferencia de significado entre estas palabras.

el cometa ≠ la cometa
el pendiente ≠ la pendiente
el partido ≠ la partida
el cubo ≠ la cuba
el soldado ≠ la soldada
el pez ≠ la pez
el editorial ≠ la editorial
el guía ≠ la guía
el parte ≠ la parte

Apuntes de clase

UNIDAD

10

59. Dé la forma de indicativo o de subjuntivo más adecuada al contexto.

1. Les animamos a que *continuar* ...... trabajando de idéntica manera.
2. Nos recordaron repetidamente que no *olvidar* ...... las llaves en casa.
3. Recordaron que Luis *trabajar* ...... en una empresa de su suegro.
4. Me advirtió que en aquel país la gente no *tomar* ...... bebidas alcohólicas.
5. Me advirtió que yo *ahorrar* ...... el máximo posible para realizar mis proyectos.
6. Comprendo que ellas no *rebajarse* ...... a pedir dinero prestado.
7. El coronel recalcó que los soldados *comer* ...... bien.
8. El coronel recalcó que, en lo sucesivo, *dar* ...... de comer mejor a los soldados.
9. ¡Por favor, asegúrese usted de que todo el mundo *cumplir* ...... la misión encomendada!
10. Me aseguré de que ella *tener* ...... su pasaporte en regla.
11. Él me preguntó y yo le contesté que *irse* ......
12. No comprendo qué (yo) *poder* ...... haber hecho para poner esa cara.
13. Después de mucho reflexionar decidimos que a ninguno de nosotros *interesarnos* ...... opinar sobre el asunto.
14. Mi madre decidió que (nosotros) *salir* ...... a comer fuera.

60. Termine las siguientes frases utilizando una forma del indicativo o subjuntivo que tenga sentido.

1. Te agradezco que ....
2. Ayer nos enteramos de que ....
3. No esperes que ....
4. No se dan cuenta de que ....
5. Conste que ....

6. No hay derecho a que ....
7. Parece mentira que ....
8. Basta que ....
9. Menos mal que ....
10. Está visto que ....
11. Seguro que ....
12. Ahora no recuerdo dónde ....
13. Comprendo que ....
14. ¿Le parece a usted bien que ....?
15. No me dijo quién ....
16. Le advertí que ....
17. Se empeñaron en que ....
18. No creas que ....
19. Yo conseguí que ella ....

61. Sustituya las palabras en cursiva por un adjetivo.

1. El panorama *de la ciudad.*
2. La vida *del hombre.*
3. Los vestidos *de la mujer.*
4. Los edificios *de Bogotá.*
5. Las costumbres *del pueblo.*
6. La paz *del hogar.*
7. Las fiestas *de Navidad.*
8. Las reacciones *de los niños.*
9. La navegación *de río.*
10. Correo *por avión.*
11. Periódico *de la tarde.*
12. Fiesta *de toros.*
13. Parque *de fieras.*
14. Reunión *de estudiantes.*
15. Industria *de productos del campo.*
16. Industria *de tejidos.*

62. Utilice en frases las siguientes comparaciones (clichés lingüísticos).

1. Comer como una lima.
2. Beber como una cuba.
3. Fumar como un carretero.

4. Hablar como un loro.
5. Aburrirse como una ostra.
6. Conducir como un loco.
7. Dormir como un leño.
8. Cantar como un jilguero.
9. Ponerse como una amapola.
10. Llorar como un niño.

63. ¿Cómo se llama?

1. El día después de mañana. →
2. Un período de tres meses. →
3. Un período de seis meses. →
4. Un período de diez años. →
5. Un período de cinco años. →
6. Un período de dos años. →
7. Un período de quince días. →
8. El día anterior a ayer. →
9. Lo que tiene cien años de edad. →
10. Día en que se cumplen años de algún suceso. →
11. El que tiene sesenta años. →

Apuntes de clase

UNIDAD

11

64. Complete las oraciones siguientes poniendo el verbo en cursiva en el tiempo y modo adecuados.

1. No me importa lo que haga, siempre que (usted) *portarse* . . . . . . bien.
2. Nos fuimos sin que ninguno de los presentes *darse* . . . . . . cuenta.
3. Mientras *haber* . . . . . . salud la cosa va bien; lo malo es cuando *empezar* . . . . . . los achaques.
4. Por fin he sacado las entradas para que los niños *pasar* . . . . . . la tarde en el circo.
5. No me explico cómo puedes leer tanto sin que *cansarte* . . . . . . la vista.
6. Antes de que (ellos) *llegar* . . . . . . avísame, no sea que (yo) *tener* . . . . . . que cambiar de plan.
7. Nevaba y hacía mucho frío, así que Pepe *quedarse* . . . . . . en el hotel.
8. Me basta con que (tú) *escribirnos* . . . . . . una vez al mes, hija mía.
9. Debes ir a que *verte* . . . . . . el médico en seguida. Tienes mala cara.
10. Con tal de que *portarte* . . . . . . bien puedes salir por las noches, ¿vale?
11. Nada más que (él) *terminar* . . . . . . el trabajo, cogía el autobús y volvía a casa.
12. ¿Para qué te metes tanto conmigo, Luisa? ¿Para que (yo) *cabrearme* . . . . . . y (yo) *hacer* . . . . . . una barbaridad?
13. Hasta que (tú) no *decirme* . . . . . . la verdad, no te dirigiré la palabra.
14. Se lo perdonamos todo,. menos que (ella) *ser* . . . . . . tan ordinaria.

65. Ponga el verbo en cursiva en el tiempo correcto de subjuntivo o de indicativo.

1. Cuando (yo) *estar* . . . . . . en Asturias, iba a pescar todos los días.
2. Le dije que cuando (yo) *llegar* . . . . . ., nos veríamos.
3. Siempre que *llegar* . . . . . . la primavera, siento alergia a las acacias.

4. Aceptamos su decisión, siempre que *ser* ...... consecuente con sus principios.
5. Aunque no (él) *ser* ...... muy inteligente, es un gran trabajador.
6. No lo aceptaría aunque me lo (él) *pedir* ...... de rodillas.
7. No supo el cambio que había experimentado su ciudad natal hasta que (él) *regresar* ...... a su patria.
8. No le hizo el más mínimo caso y eso que (ella) *ser* ...... su cuñada.
9. No tiene derecho a abusar de la gente, por muy ministro que (él) *ser* ......
10. Le dije que por mal que *cuidar* ...... el césped, se mantendría.
11. No consiguieron localizarlas, por mucho que *intentarlo* ......
12. El objetor de conciencia dijo que se ocultaría hasta que *terminar* ...... la guerra.
13. Habíamos quedado en comer juntos, por eso (él) *llevar* ...... prisa.
14. Se cerraron con llave para que nadie los *molestar* ......
15. A medida que (ellos) *irse* ...... haciendo mayores, iban madurando.
16. No diremos una sola palabra, así nos *ofrecer* ...... el oro y el moro.

66. **Complete las oraciones siguientes poniendo el verbo en cursiva en el tiempo y modo adecuados.**

1. Decía que en cuanto *terminar* ...... las clases, se iría a hacer un viaje por Asia.
2. Apenas el torero *salir* ...... a la plaza, le cogió el toro.
3. Mientras (él) *seguir* ...... tus consejos, seguro que se las arregla.
4. Nada más que (nosotras) *tirarnos* ...... a la piscina, nos dimos cuenta de lo fría que estaba el agua.
5. Se lo digo con toda franqueza, no lo haré a no ser que (él) me *pagar* ...... bien.
6. A pesar de que (yo) *ir* ...... muy abrigado, siento frío.
7. Pese a que (ellas) *estar* ...... hechas polvo, se fueron de juerga.
8. Mientras (él) *pasear* ...... por el parque, iba echando migas a los pájaros.
9. En cuanto (yo) *llegar* ...... a Galicia, voy a hincharme de marisco.
10. Como no (ellos) *conocer* ...... bien el camino, se perdieron.
11. Le dije que como no (él) *ser* ...... puntual, le dejaría plantado.
12. A medida que el público *entrar* ...... en el cine, entregaba las entradas al portero.

67. Haga frases que expresen la diferencia de uso y significado entre estos verbos.

doler ≠ hacer daño ≠ lastimar
necesitar ≠ hacer falta ≠ echar en falta
caber ≠ haber sitio ≠ encajar
durar ≠ tardar ≠ llevar tiempo
rendir ≠ cundir ≠ dar de sí

68. Conteste a las siguientes preguntas con la palabra adecuada.

1. ¿En qué aparato se ponen los vídeos? →
2. ¿Con qué te bañas en la playa? →
3. ¿Qué se usa para secar el pelo? →
4. ¿En qué lugar se guardan los trastos viejos? →
5. ¿Con qué sacas el corcho de una botella? →
6. ¿Con qué se cubre la gente la cabeza en el invierno? →
7. ¿En qué establecimiento se compran joyas? →
8. ¿Con qué se afeitan los hombres? →

Apuntes de clase

69. Ponga el verbo en cursiva en el tiempo correcto de subjuntivo o de indicativo, según el contexto.

1. Antes de que *arrancar* ...... el coche, quité el freno de mano.
2. Por si no lo (tú) *saber* ......, te diré que han subido el precio de la gasolina.
3. Le invité al bautizo a sabiendas de que él no *ir* ...... a aceptar.
4. Ya que (nosotros) *estar* ...... aquí, vamos a ponernos cómodos.
5. Me miró como si no me (ella) *conocer* ...... de nada.
6. Ya está pagado; de modo que no (usted) *tener* ...... que preocuparse más.
7. Le planteé la situación de manera que no (él) *tener* ...... otro remedio que aceptar.
8. No se encontraba bien, de ahí que (él) no *acudir* ...... a la cita.
9. No me atreví a prestarles la moto, por si (ellas) *tener* ...... un accidente.

70. Complete las oraciones siguientes poniendo los verbos en cursiva en el modo y tiempo apropiados.

1. Si (él) *terminar* ...... la tesis, tendría un puesto en este departamento.
2. Si (él) *comprar* ...... el radiocasette fue porque era una ganga.
3. Si (yo) *fumar* ...... puros, es porque creo que hacen menos daño que los cigarrillos.
4. Si (ella) *ir* ...... a las rebajas, habría ahorrado bastante dinero.
5. ¡Laurita! Si (tú) *comer* ...... todo lo que tienes en el plato, papá te dará un beso.
6. Me dijeron que si (yo) *querer* ...... conocer las bodegas de Pedro Domecq, fuera a Jerez de la Frontera.
7. Espero que si (tú) *celebrar* ...... el cumpleaños, nos invites a la fiesta.
8. Si (ellos) *aprobar* ...... fue porque habían estudiado mucho.

9. Parece como si ella *estar* ...... enfadada con nosotros.
10. Si (usted) *poder* ...... ayudarme, lo haríamos en un abrir y cerrar de ojos.

71. Sustituya las conjunciones en cursiva por una equivalente, efectuando cambios sintácticos si es necesario.

1. *Mientras* usted se esté quieto en la cama, no le ocurrirá nada.
2. *Mientras* más se esfuerzan en hacerlo bien, más se equivocan.
3. Sabes que te apoyo *siempre que* tienes razón.
4. Le dije que le ayudaría *siempre que* lo necesitara.
5. Me las vi y me las deseé para salir del apuro, *así que* para otra vez no cuentes conmigo.
6. «*Así que* pasen diez años» es una obra de Federico García Lorca.
7. *A medida que* pasaban los años se le dulcificaba el carácter.
8. *Según* entraban, colgaban los abrigos en el perchero.
9. *Con que* le regales un pequeño detalle, cumples.
10. ¡*Si* no te abrigas vas a pillar una pulmonía!
11. *Dado que* apenas se apuntó gente, tuvieron que aplazar el viaje.
12. La mancha de petróleo destruirá el plancton, *a no ser* que la disuelvan a tiempo.
13. Se han roto muchas fronteras, *por eso* cunde el optimismo en Europa.
14. Pedro trabaja mucho, *mientras que* su hermana no da golpe.
15. Estaban atados todos los cabos, *de ahí* que no sucediera nada.
16. *Como* mi padre es general, tal vez pueda buscarte un enchufe en el cuartel.
17. *Como* bebas tanta agua, vas a criar ranas en el estómago.
18. El pobre hombre *al ver que* le aplaudían tanto, se emocionó.

72. Explique el sentido de las siguientes expresiones.

1. Me salté un disco rojo, pero el guardia hizo la vista gorda.
2. Con esa palabra has dado en el clavo.
3. ¡Buena la hemos hecho!
4. La paella te ha salido muy rica hoy.
5. Le di mi palabra de honor.
6. ¡Estaría bueno que no nos pagaran!
7. Su comentario tenía mucha miga.
8. Me importa tres pepinos lo que piense.
9. Se ahoga en un vaso de agua.
10. Ser novato.

73. Diga el nombre que corresponde a las siguientes descripciones.

1. La parte exterior de una naranja. →
2. El exterior de la manzana. →
3. La parte exterior del pan. →
4. La parte amarilla del huevo. →
5. La parte blanda del pan. →
6. La parte exterior del huevo. →
7. La parte dura de la aceituna. →
8. La parte blanca del huevo. →
9. La parte dura de las uvas. →
10. Los huesos del pescado. →
11. La parte dura del melocotón. →
12. La parte exterior del tronco de un árbol. →

Apuntes de clase

UNIDAD

13

74. Ponga el verbo en cursiva en el tiempo y modo que exija el contexto.

1. Quien no lo *haber* ..... entendido, que pregunte otra vez.
2. ¿No hay nadie aquí que *poder* ..... echarme una mano?
3. Los que no *estar* ..... de acuerdo, pueden abandonar la sala.
4. A cualquiera que *llamar* ....., dígale que he salido.
5. Me encuentro con él dondequiera que (yo) *ir* ....
6. Te encontraré dondequiera que (tú) *ir* ......
7. Nada de lo que (ellos) *murmurar* ..... me interesa.
8. Me figuro que buscaban un sitio que *reunir* ..... comodidades.
9. Buscaba un automóvil que *consumir* ..... poco gasóleo.
10. Queremos una ciudad que no *estar* ..... contaminada.
11. A tu prima no hay quien la *entender* ....., Carlos.
12. La próxima vez que *ir* ..... a las Canarias, te traeré una pluma Montblanc.
13. Todo lo que *publicarse* ..... en este campo nos interesa, Carmen.
14. Lo que *ganar* ..... en la Bolsa lo repartió entre sus parientes pobres.
15. Me las arreglaré como (yo) *poder* ....., no se preocupe usted.
16. Sólo respondió que él hacía las cosas como *creer* ..... conveniente.
17. Cuanto (ella) *hacer* ....., lo hizo por tu bien.

75. Explique la diferencia de significado entre los siguientes pares de frases.

1. Estoy seguro de que hará lo que *dices.*
    Estoy seguro de que hará lo que *digas.*
2. Iré donde *quieres.*
    Iré donde *quieras.*

3. Los que *quieren* ir a la excursión, que levanten la mano.
   Los que *quieran* ir a la excursión, que levanten la mano.
4. Nos interesa emplear al técnico que *conoce* mejor este campo.
   Nos interesa emplear al técnico que *conozca* mejor este campo.
5. ¿Ha visto usted a alguien que *habla* inglés por aquí?
   ¿Ha visto usted a alguien que *hable* inglés por aquí?
6. ¿Hay quién *da* más?
   ¿Hay quién *dé* más?
7. No puedo fiarme del primero que *llegue*.
   No puedo fiarme del primero que *llega*.
8. Dice cuanto se le *antoja*.
   Dirá cuanto se le *antoje*.
9. Todo lo que *comenta* es cierto.
   Todo lo que *comente* será cierto.
10. Ninguna de las que *vienen* habla idiomas.
    Ninguna de las que *vengan* habla idiomas.

76. **Ponga los verbos en infinitivo en el tiempo y modo apropiados.**

1. ¡Ojalá *dejar* ...... de llover!
2. ¡Así te *salir* ...... un juanete en un pie! ¡Malaje!
3. Le han tocado cinco millones. ¡Quién los *pillar* ......!
4. ¡Maldita *ser* ......! ¡Qué mala suerte tengo!
5. ¡Buenas noches! ¡Que (vosotros) *descansar* ......!
6. ¡Buenos días! ¡Que *aprovechar* ......!
7. ¡Que lo (vosotros) *pasar* ...... bien en el viaje!
8. ¡Cuidadito! ¡Que no me *enterar* ...... yo de que has hecho una faena!
9. ¡Que no (usted) *decidirse* ...... a comprarlo!
10. ¡(Usted) *hacer* ...... el favor de dejarme en paz!
11. Que yo *saber* ...... la fábrica está en paro.
12. Ten confianza, chico, a lo mejor todo *solucionarse* ...... sin problemas.
13. (Ella) *tener* ...... tal vez esa edad, aunque está muy bien conservada.
14. Quizá Nati *creerse* ...... que la engañamos, pero se equivoca.
15. Que yo *recordar* ...... salieron con el rabo entre las piernas.

77. **Diga los adjetivos que expresan la idea contraria a los que vienen en cursiva.**

1. El nivel de la clase es *homogéneo*.
2. Es una chica la mar de *salada*.

3. Los países *septentrionales* son fríos.
4. Me gusta contemplar el sol *naciente*.
5. Tres de sus hijos son *rubios*.
6. Este cortapapeles es *puntiagudo*.
7. Ese señor es *narigudo*.
8. Es un cristal *transparente*.
9. Éste es un terreno *impermeable*.
10. El cielo está *nublado*.
11. Esta habitación es muy *clara*.
12. Dio una *larga* conferencia.
13. El camión ya está *cargado*.
14. Tiene una voz *clara*.
15. Está *casado*.

78. **Explique el sentido de las siguientes expresiones y modismos con el verbo *pegar*.**

Me has pegado el catarro.
Al ver el ratón, pegó un salto.
Cuando se enteró de su ruina, se pegó un tiro.
Se han pegado las judías.
A ver si dejas de poner pegas a todo.

Apuntes de clase

79. Ponga los infinitivos en el tiempo y modo que convenga.

1. Si (tú) *hacerme* ...... ese favor, yo te *estar* ...... sumamente agradecido.
2. *¡Pedir* ...... (tú) lo que te *parecer* ......!
3. Ayer él me *hablar* ...... como si *tener* ...... algo contra mí.
4. Yo te *tener* ...... al corriente de todo lo que *pasar* ...... en lo sucesivo.
5. Ya es hora de que yo *hacer* ...... valer mi opinión aquí.
6. Por mucho que (yo) *insistir* ......, ellos no se *quitar* ...... esa idea de la cabeza.
7. Por más que *jugar* ...... (nosotros) a la lotería, no nos tocaba nunca.
8. Transcurrió la jornada sin que *ocurrir* ...... ningún incidente.
9. Criticaron duramente a los que les *haber* ...... ayudado.
10. El que *haber* ...... visto a Pedro que me lo *comunicar* ...... inmediatamente.
11. Repasaron en una semana toda la materia que se *haber* ...... dado a lo largo del cuatrimestre.
12. ¡Ojalá (él) *ser* ...... tan buena persona como usted nos *asegurar* ......!
13. Puede que (tú) *haberte* ...... entusiasmado con ese chico y no *verle* ...... defectos.
14. Le dije que *buscar* ...... una pensión cuando *llegar* ...... a Málaga.
15. Procurad que los clientes *quedar* ...... satisfechos, no sea que *cambiar* ...... de tienda.
16. El portero no sabía si los atracadores *ser* ...... dos o tres.
17. ¡Que él *fastidiarse* ......! ¡Él mismo se lo ha buscado!
18. ¡Jo! Cada vez que *sonar* ...... el teléfono se equivocan de número.

80. Ponga los verbos en infinitivo en el tiempo y modo apropiados.

1. Que *estar* ...... nublado, no quiere decir que vaya a llover.
2. Le recomendé que *hacer* ...... más deporte y *beber* ...... menos cerveza.

3. Es muy raro que tus tíos no *dar* ...... señales de vida.
4. Teme que (ella) *marcharse* ...... y no vuelva más.
5. ¡Que (vosotros) *tener* ...... buen viaje y no *marearse* ......!
6. Dudo que esa *ser* ...... la verdadera causa de su ruptura matrimonial.
7. Nos había extrañado que, siendo amigos, no le *ayudar* ....
8. Antes de que (él) me *ver* ...... le llamé.
9. No conocemos a nadie que *ver* ...... esa exposición.
10. Dijo que por más que (tú) *jugar* ...... a la lotería, no te tocaría nunca.
11. Prepáralo para que todos *disfrutar* ...... y *sentirse* ...... cómodos.
12. Menos mal que este viernes *haber* ...... puente. ¡Ya era hora!
13. Si (él) *practicar* ...... el español, lo *aprender* ...... corriendo.
14. Basta que (yo) *dejar* ...... el paraguas en casa, para que *llover* ...... a ríos.
15. Más vale que la juventud *ser* ...... inconformista que no apática.
16. Así que en la oficina *darme* ...... vacaciones, me voy al pueblo.

81. Tache las formas verbales entre paréntesis que considere incorrectas.

Si Adelita se (habría casado - hubiera casado - casaría) con otro hombre, tal vez no (habría sido - sería - fuera) como es. No se trata de echarle la culpa de este hecho, aunque también (sería - habría sido - fuera) injusto acusar a su marido de la coquetería siempre insatisfecha de su esposa. Si Adelita (conociera - habría conocido - hubiera conocido) a un hombre que la (tratase - habría tratado - hubiera tratado) con dureza y severidad, es casi seguro que la (hubiera hecho - haría - habría hecho) cambiar por completo. (Habría dejado - Dejaría - Hubiera dejado) de pasarse la vida preocupándose de los trapos, de ir a la peluquería, de sus andares y, en definitiva, de toda su insignificante personilla.

82. Haga frases que expresen las diferencias de uso y significado entre estos verbos.

tratar ≠ procurar ≠ intentar
marcar ≠ arañar ≠ rayar
frotar ≠ pulir ≠ cepillar
comprobar ≠ revisar ≠ chequear
apuntarse ≠ matricularse ≠ borrarse
atascarse ≠ engancharse ≠ pillarse

83. ¿Cómo se llaman los establecimientos que se dedican a las siguientes actividades?

1. Guardar coches. →
2. Vender artículos alimenticios. →
3. Reparar coches. →
4. Vender perfumes. →
5. Vender tejidos. →
6. Vender botones, encajes, agujas, hilo y similares. →
7. Vender carne. →
8. Tramitar documentos (pasaportes, permiso de conducir, etc.). →
9. Vender herramientas de trabajo y utensilios domésticos. →
10. Reparar zapatos. →
11. Vender prendas confeccionadas con pieles. →
12. Servir café, bebidas alcohólicas, etc. →
13. Vender pinturas, artículos de limpieza, etc. →
14. Vender pescado. →

Apuntes de clase

UNIDAD 15

84. Transforme las siguientes oraciones activas en pasivas.

1. Los terroristas secuestraron a un industrial.
2. El fuego destruyó una gran cantidad de árboles y matorrales.
3. Esta tarde su padre le ha castigado porque traía malas notas.
4. Los periodistas difundieron la noticia rápidamente.
5. La agencia le proporcionó un billete de avión a precio de coste.
6. La dirección le ha ascendido a jefe de negociado.
7. El Congreso estudió las nuevas propuestas del Gobierno.
8. El terremoto arrasó toda la región.
9. Un multimillonario ha comprado este cuadro.
10. Los mismos supervivientes contaron el naufragio con todo lujo de detalles.
11. Los ministros de la Comunidad Europea firmaron el pacto.
12. Un desconocido entregó el aviso a los interesados.
13. Actores de primera categoría han hecho el doblaje de la película.
14. El delegado concedió el contrato de obras de pavimentación a una firma extranjera.
15. Un autobús atropelló a dos personas ayer por la mañana.

85. Transforme las siguientes oraciones pasivas e impersonales en activas.

1. Esta casa ha sido destruida por el fuego.
2. Se dice que van a subir las naranjas otra vez.
3. Se suponía que acudiría a la cita.
4. El estafador ha sido capturado por la policía.
5. Se esperaba una gran afluencia de público.
6. Se cuenta que ha hecho un desfalco de más de cien millones de marcos alemanes.

7. El niño fue adoptado por unos vecinos.
8. Se agradece lo que haces por nosotros.
9. La ley no había sido aprobada aún por el Parlamento.
10. Las calles fueron regadas a primera hora de la mañana.

86. De las dos formas que se dan entre paréntesis, utilice la que pide el sentido de la frase. Algunas de estas frases admiten las dos posibilidades.

1. El problema (fue resuelto - se resolvió) en un santiamén.
2. Cuando empezó la película (se apagaron - fueron apagadas) las luces.
3. El testamento (fue leído - se leyó) por el notario en presencia de todos los herederos.
4. La avería (fue arreglada - se arregló) demasiado tarde.
5. En verano, las calles en Madrid (son regadas - se riegan) casi todos los días.
6. El presupuesto municipal (fue presentado - se presentó) por el alcalde a los concejales.
7. (Fueron recogidas - se recogieron) muestras de la Luna por los astronautas.
8. En las rebajas de julio (se venden - son vendidos) muchos artículos a precios muy rebajados.
9. Del lago de Maracaibo (se saca - es sacado) mucho petróleo.
10. La primera República española (se instauró - fue instaurada) en 1873.

87. Haga frases con los siguientes verbos estableciendo claramente su diferencia de significado.

perder ≠ perderse
emborrachar ≠ emborracharse
marear ≠ marearse
presentar ≠ presentarse
animar ≠ animarse (a)
meter ≠ meterse (en, con)
enfriar ≠ enfriarse
calentar ≠ calentarse
proponer ≠ proponerse

88. Explique el sentido de las siguientes expresiones y modismos.

1. Se las da de inteligente.
2. Maté dos pájaros de un tiro.
3. Todo nos salió mal, no dimos pie con bola.
4. Deberías hacerlo sobre la marcha.
5. No te andes por las ramas, vete al grano.
6. Se las arreglará solo, se las sabe todas.
7. Ignacio tiene mucha marcha.
8. Al ver cómo estaban se me cayó el alma a los pies.
9. Cada loco con su tema.

89. Haga una frase con cada una de estas palabras que muestre clara- mente su significado. (Busque en el diccionario de la Real Academia las que no conozca.)

credibilidad   triunfalismo
sofisticado   cortometraje
vídeo   télex
escáner   eslogan
estrés   tomavistas
telefilme   telediario
golpista   pluriempleo
alterne   fardar
cabrear   gilí (ser)

Apuntes de clase

UNIDAD

16

90. **Sustituya los sustantivos en cursiva por un infinitivo equivalente.**

MODELO: Mi *opinión.* → Mi *parecer.*

1. Mi *opinión* es que los periódicos están desorientados.
2. *La comida* supone una gran diversión para mucha gente.
3. Su muerte les causó una gran *pena.*
4. La hora del *alba* es muy fría en Castilla.
5. Esa *canción* me recuerda los días de mi juventud.
6. Juan es un *hombre* despreciable.
7. La columna de *ingresos* reflejaba muchas menos cifras que la del debe.
8. La *obligación* del ejército es defender a la patria y sus instituciones.
9. El *sacrificio* de los propios intereses es necesario en ocasiones.
10. La *bebida,* como todo, es perjudicial en exceso.
11. El *sueño* es imprescindible para reparar fuerzas.
12. La *vida* sin comodidades es inconcebible en el mundo occidental de hoy día.
13. Los aduaneros tardaron mucho tiempo en la *revisión* del equipaje.
14. La *equitación* y la *natación* son dos actividades deportivas importantes.
15. La *lectura* le apasiona.
16. La *caza* y la *pesca* se han convertido para ella en una obsesión.

91. **Ponga los verbos en cursiva en el participio pasado, regular o irregular, que exija el sentido de la frase.**

1. Se quedó muy *confundir* ......
2. ¿Está *despertar* ...... mamá?
3. ¿Has *freír* ...... las chuletas de cordero?
4. Ese libro fue *imprimir* ...... en 1948.
5. Han *morir* ...... muchos conejos con la última epidemia en España.

6. Se ha *volver* ...... insoportable.
7. Ya han *poner* ...... la decoración navideña en las calles.
8. Tus problemas están *resolver* ....
9. Creo que se ha *romper* ...... dos costillas en el accidente.
10. ¿Te han *atender* ...... bien en esa oficina?
11. ¿Qué has *hacer* ...... con el dinero que te dejé?
12. Os he *ver* ...... en apuros muchas veces.
13. Han *aprobar* ...... todos, excepto mi hermano.
14. Se le devolverán todos los papeles, *incluir* ...... su solicitud.
15. *Afeitar* ......, parecería más joven.
16. Llevaba la cabeza *cubrir* ...... con un gorro de lana.

92. Ponga los verbos en cursiva en participio pasado.

1. Si hay corriente, es que la puerta está *abrir* ....
2. ¿Le gustan a usted las patatas *freír* ......?
3. A todos nos encanta el café *expresar* ......
4. No ha *haber* ...... posibilidad de convencerle.
5. Y una vez *escribir* ...... la carta, la echamos al correo.
6. Lo curioso del caso es que el presidente *elegir* ...... de la República no ha sido *elegir* ...... por el pueblo.
7. Se lo tengo *decir* ...... muchas veces, pero nunca me hace caso.
8. Aunque parece *dormir* ......, tiene una mente muy *despertar* ....
9. Había árboles *caer* ...... a todo lo largo de la carretera.
10. Era un asunto *maldecir* ...... en aquellos días.
11. La letra *imprimir* ...... impresiona mucho más que la manuscrita.
12. El cliente *satisfacer* ...... es una inversión para el futuro.
13. Cuando hayas *resolver* ...... el asunto, comunícamelo.
14. No sabía que fueras un líder *nacer* ......

93. Complete las siguientes frases con la preposición adecuada y un infinitivo.

1. Se cansó ......
2. No dejes ......
3. Nos dedicábamos ......
4. Ha tenido que disculparse ......
5. Se echó ......
6. Está avergonzada ......

7. Confío ......
8. ¿Se ha arrepentido ......?
9. Nos alegramos mucho ......
10. Se hartaron ......
11. No insista usted ......
12. Siempre ha luchado ......
13. No te olvides ......
14. Quedó ......
15. Se habían quejado ......
16. Renunciaré ......
17. Se negó ......
18. Tardó mucho ......

94. Diga cómo se llaman los habitantes de los siguientes países, ciudades y regiones.

1. Bulgaria.
2. Irak.
3. Irán.
4. Argentina.
5. Canarias.
6. Bélgica.
7. Escocia.
8. Castilla.
9. Extremadura.
10. Málaga.
11. Checoslovaquia.
12. Túnez.
13. Arabia.
14. Tejas.
15. Baleares.
16. Finlandia.
17. Flandes.
18. Cataluña.
19. Sevilla.
20. Rumania.
21. Argelia.
22. Sáhara.
23. Colombia.
24. Venecia.
25. Bilbao.
26. Perú.

Apuntes de clase

UNIDAD

17

95. Ponga las palabras que van en cursiva en gerundio.

1. Estuvo *trabajar* . . . . . . hasta las seis de la mañana.
2. Mataba el tiempo *hacer* . . . . . . crucigramas.
3. *Haber* . . . . . . terminado el banquete, llegó la hora de los discursos.
4. Hoy, *mientras paseaba* . . . . . ., vi a tu padre.
5. Antonio siempre va *correr* . . . . . . a la escuela.
6. Aun *saber* . . . . . . la verdad, deberías haberte callado.
7. Y *haber* . . . . . . pintado los últimos detalles, dio por terminada su obra.
8. *Enseñar,* . . . . . . no hay posibilidad de hacerse rico.

96. Ponga los infinitivos en cursiva en la forma que exija el contexto y use una partícula de enlace cuando sea necesario.

1. Haga el favor de no *(meterse)* hablar de lo que desconoce.
2. Nosotros *(ir)* hacer «footing» cuando nos encontramos con la manifestación.
3. Yo que él, no *(volver)* dirigirle la palabra.
4. Ayer los obreros *(ponerse)* trabajar a las seis y media de la mañana.
5. Pese a que lo intentamos no *(llegar)* ver la película.
6. Era tan buena persona que *(llegar)* repartir sus ganancias entre los empleados.
7. Si yo *(llegar)* enterarme antes, no voy.
8. Le costó mucho esfuerzo, pero finalmente *(romper)* hablar.
9. Mañana se van a *(hinchar)* ver fútbol.
10. En las rebajas, yo *(liarme)* comprar y perdí la sensación del tiempo.
11. *(Acabar)* escribirle cuando llamó a la puerta.
12. Sus razones no *(acabar)* satisfacerme.

13. Vosotros *(tener)* comprender que no todo el mundo es igual.
14. Pero, Enrique, ¡siempre *(haber)* ser el mismo!
15. ¡*(Haber)* arreglar la avería sin falta!
16. Ustedes *(deber)* apoyar la democracia y no torpedearla.
17. Ellos *(deber)* saberlo, pero no nos han dicho nada.
18. Últimamente al profesor le *(dar)* enseñar las perífrasis verbales.
19. Yo no *(dejar)* reconocer que sabe una barbaridad.
20. Ella *(quedar)* ir a recibirme al aeropuerto, pero se le olvidó.
21. Mi familia *(llevar)* tener noticias mías dos meses.

97. Ponga los infinitivos en cursiva en la forma que exija el contexto.

1. ¡*Ir* ...... *pasar* ...... al fondo de la plataforma!, decía el cobrador del autobús.
2. Como es hora punta, será preferible que nosotros *ir* ...... *andar* ...... a nuestro domicilio.
3. Yo *venir* ...... *pensar* ...... desde hace tiempo que estamos manipulados por los medios de comunicación.
4. El Congreso *seguir* ...... *deliberar* ...... sobre la ley de divorcio.
5. No nos fiamos ni un pelo de él, siempre *andar* ...... *contar* ...... mentiras.
6. Por aquel entonces (tú) ya *llevar* ...... *estudiar* ...... español cuatro años.
7. No le lleves la contraria porque (tú) *salir* ...... *perder* ....
8. Su hijo *ir* ...... *aprobar* ...... los exámenes, pero no es una lumbrera.
9. Veo que vosotros *ir* ...... *mejorar* ...... vuestro castellano poco a poco.
10. Nosotros *llevar* ...... *esperarle* ...... más de una hora y sigue sin llegar.
11. Él se fue y ella *quedarse* ...... *bailar* ...... con un antiguo admirador.
12. Anoche Rafael *quedarse* ...... *leer* ...... hasta muy tarde.
13. Carece de sentido del humor, siempre *acabar* ...... *enfadarse* ...... con sus amigos.
14. No (ustedes) *andar* ...... *escribir* ...... en las paredes. No ven que es muy feo.
15. La anciana *venir* ...... *cobrar* ...... la pensión desde la muerte de su marido.

98. **Ponga los verbos en cursiva en la forma que corresponda al sentido de la frase.**

1. Su hermana menor *ir* ...... *atrasar* ...... con respecto al resto de la clase.
2. Hasta este momento *ir* ...... *construir* ...... dos bloques de nuestra urbanización.
3. *Ir* ...... *transcurrir* ...... más de catorce años de vida democrática en este país.
4. Se empeña en vestirse a su modo y, claro, *ir* ...... *hacer* ...... un asco.
5. Es buena muchacha, pero a cada dos por tres *andar* ...... *meter* ...... en líos.
6. Nuestra lavadora *seguir* ...... *estropear* ....
7. Le enseñaré a usted lo que yo *llevar* ...... *hacer* ...... hasta ahora.
8. Ellas *llevar* ...... *recorrer* ...... diez kilómetros cuando se pusieron a descansar.
9. La recuerdo. Solía *llevar* ...... la cara muy *pintar* ....
10. Ese edificio *llevar* ...... *hacer* ...... un año por lo menos.
11. El médico le *tener* ...... *prohibir* ...... que fume.
12. ¡Señorita, *tener* ...... *escribir* ...... esas cartas para las siete!
13. El tema de la crisis económica del tercer mundo *traer* ...... *preocupar* ...... a la opinión pública.
14. Después de correr quince millas, (ellas) *quedar* ...... *agotar* ....
15. Sufrió un accidente tan grave que a él *darle* ...... *morir* ....
16. Nosotros *dar* ...... *sentar* ...... que vendréis a pasar unos días con nosotros.
17. Hasta que no me devuelva todo el dinero, yo no *darme* ...... *satisfacer* ......

99. **Exprese con una sola palabra las siguientes ideas.**

1. La persona que habla dos idiomas a la perfección es ......
2. El que trabaja con las manos es un ......
3. El que se dedica a los negocios es un ......
4. El que se dedica a la política es un ......
5. La revista que sale todas las semanas es un ......
6. Un grupo de cien unidades es una ......
7. El grupo de diez unidades es una ......
8. Dos escritores nacidos en la misma época son ......
9. Dos hermanos de la misma edad son ......

10. El que está pasando sus vacaciones de verano fuera de su ciudad es un ......
11. El que odia al género humano es un ......
12. El que ama la música es un ......
13. El que tiene una manía determinada es un ......
14. El último piso de una casa es un ......
15. El que se dedica a publicar libros es un ......
16. El que carece de escrúpulos es un ......
17. La persona que ha pasado la edad de la adolescencia es un ......

Apuntes de clase

UNIDAD

18

100. Verbos de cambio o devenir. Ponga los verbos en cursiva en la forma correcta.

1. Pablo *hacerse* ...... abogado en cuatro años de estudio y esfuerzos económicos.
2. *Hacerse* ...... tarde. ¡Vámonos!
3. Creo que (él) *hacerse* ...... protestante últimamente.
4. Procedía de una familia monárquica, pero (él) *hacerse* ...... republicano.
5. Pili *hacerse* ...... «hippy» en los años sesenta.
6. Ha abandonado los estudios y *hacerse* ...... comerciante.
7. (Él) *ponerse* ...... triste con los tres vasos de vino que se tomó.
8. (Ella) *ponerse* ...... buena en cuanto tomó la medicina.
9. Siempre (él) *ponerse* ...... muy pesado con el tema del fútbol.
10. (Ellos) *ponerse* ...... muy contentos de vernos.
11. (Él) *ponerse* ...... rojo de ira al oírme hablar así.

101. Ponga los verbos en cursiva en la forma correcta.

1. (Él) *volverse* ...... feminista de la noche a la mañana.
2. (Ellos) *volverse* ...... muy religiosos con aquellos misteriosos cursillos.
3. (Él) *volverse* ...... loco de la impresión recibida.
4. (Él) *volverse* ...... un estúpido desde que ha sacado el doctorado.
5. Mordió la cereza el príncipe y *convertirse* ...... en un sapo.
6. En unas cuantas semanas (ella) *convertirse* ...... en la novelista más leída de Europa.
7. Jesucristo *convertir* ...... el agua en vino.
8. Últimamente Chema *volverse* ...... un esnob.

102. Ponga los verbos en la forma correcta.

1. Su abuelo *llegar a ser* ...... presidente del Gobierno.
2. (Él) *llegar a ser* ...... un magnate de las finanzas por méritos propios.
3. La renovación del material *llegar a ser* ...... imprescindible.
4. En sus últimos años (él) *quedarse* ...... ciego y sordo.
5. (Yo) *quedarse* ...... estupefacto al enterarme de la boda que ha hecho.
6. Con ese régimen de comidas (ella) *quedarse* ...... como un fideo.
7. Se quitó los zapatos y los calcetines y *quedarse* ...... descalzo.

103. Utilice en las siguientes frases el verbo de la columna de la derecha que considere más adecuado.

1. El negocio le salió mal por ...... con indeseables.   cansarse
2. Como no me gusta el flamenco, ... mucho.   perderse
3. Le sacó tanta punta al lápiz que ......   romperse
4. Nos metimos por callejuelas desconocidas y ......   aburrirse
5. Cuando juego al tenis más de dos horas ......   animarse
6. La fiesta ...... mucho con la llegada de los payasos.   engancharse
7. No le gusta viajar en barco porque siempre ......   interesarse
8. Es un tipo muy apático; no ...... por nada.   mezclarse
9. (Él) ...... con dos vasos de vino.   emborracharse
10. Anduvo sin chaqueta toda la tarde y ......   enfriarse
11. Algunos ejecutivos ...... al trabajo como a una droga.   marearse

104. Exprese con el verbo adecuado las siguientes ideas.

1. Hacer más largo. →
2. Pintar de blanco. →
3. Poner en orden. →
4. Perder peso. →
5. Ir hacia atrás. →
6. Hacer más corto. →
7. Ganar peso. →
8. Hacer más fuerte. →
9. Ponerse triste. →
10. Hacerse viejo. →
11. Hacerse más joven. →
12. Ponerse alegre. →
13. Ponerse furioso. →
14. Dar luz. →

105. Explique el sentido de las siguientes expresiones de origen religioso.

¿Qué te ocurre?, hoy no estás muy católico.
Se me fue el santo al cielo.

Está de Dios que suceda esto.

Vive en el quinto infierno.

Salió huyendo como alma que lleva el diablo.

Me han colgado ese sambenito y no hay quien me lo quite.

El marido de mi hermana es un alma de Dios.

He pasado cinco años de mi vida por esos mundos de Dios.

¿A usted quién le ha dado vela en este entierro?

Lo que dice mi jefe va a misa.

Ese amigo tuyo nunca ha sido santo de mi devoción.

Las cosas son más difíciles de lo que parecen. No todo es llegar y besar el santo.

106. **Forme frases con los siguientes vocablos, expresando claramente la diferencia de significado.**

rabo ≠ cola

lunar ≠ mancha

marino ≠ marinero

camino ≠ carretera

camisa ≠ camiseta

linterna ≠ lámpara

cuello ≠ pescuezo

pata ≠ pierna

seso ≠ cerebro

espalda ≠ lomo

Apuntes de clase

UNIDAD

19

107. **Coloque el pronombre personal apropiado en las siguientes frases.**

1. Por lo que veo, a tus tíos no ...... interesa la política.
2. A ti nunca ...... apetece divertirte.
3. A mí ...... encanta la televisión.
4. A nadie ...... agrada este tipo de situaciones.
5. A su novio ...... aburre el cine.
6. Sólo a unos pocos ...... conviene que suba el coste de la vida.
7. A sus padres no ...... atrae la idea.
8. A Pablo y a mí no ...... convence ese cantante.
9. A todos los hombres ...... gusta ser libres.
10. Según parece, a usted ...... preocupa muy poco lo que pueda ocurrirme.

108. **Use la forma correcta de los pronombres personales en las siguientes frases.**

1. A ...... te admira mucho.
2. ¿Se marchó con...... (tú)?
3. No se preocupe usted de él; está con...... (yo).
4. Pase lo que pase me acordaré siempre de ...... (tú).
5. Hablaba con...... (él) mismo.
6. A ...... me lo cuenta todo.
7. Con...... (tú) se sinceró, pero a ...... me mintió.
8. Siempre estaba haciendo comentarios de ...... (tú) y de ...... (yo).
9. La mantilla la he traído para ...... (tú).
10. Detrás de ...... (yo) había muchas sillas vacías.
11. Siempre llevaba el neceser con...... (ella) en los viajes.

109. **Coloque el verbo en cursiva en el tiempo apropiado y use el pronombre personal que exige el contexto.**

MODELO: Sabemos que nosotros *le caemos* mal a Juani.

1. A Mari Paz *ir* ...... la marcha.
2. A nosotras no *sentar* ...... bien que nos traten así.
3. ¿(A vosotros) *hacer falta* ...... (yo) para algo?
4. A ti *sobrar* ...... todo el dinero que ganas.
5. ¿A quién *apetecer* ...... salir a dar una vuelta?
6. Sospecho que tú no *gustar* ...... a mi hermana.
7. A mí no *quedar* ...... nada de lo que me tocó en la lotería.
8. A ti poco, pero a Juana *faltar* ...... el bolso y la máquina de hacer fotos.
9. A Pepe *gustar* ...... tú, pero es muy tímido y no lo manifiesta.
10. A ellos *encantar* ...... caminar bajo la lluvia.
11. Oye, Celia, ¿cuánto dinero *quedar* ......?
12. Perdona, pero (a ti) esa blusa *quedar* ...... mal.
13. Estoy segura de que estas cosas (a él) *cabrear* ...... mucho.
14. Comprendo que a usted *fastidiar* ...... trabajar los fines de semana.
15. (A mí) *fastidiar* ...... que metas tanto ruido.
16. Puede irse. No (nosotros) *hacer* ...... falta por hoy.
17. Pruébese otros. Éstos *quedar* ...... pequeños.
18. Desengáñate, Nuria, aunque Ricardo *gustar* ...... (a ti), no *ir* ...... (a ti).
19. Frank está triste (a él) *faltar* ...... su entorno familiar y otras cosas.
20. A Olga *sentar* ...... mal la cena de anoche y hoy está pachucha.
21. Por cierto, Chema, la chica que me presentaste *caer* ...... muy bien.
22. Sabemos de buena tinta que (tú) *caer* ...... mal a Julita.

110. **Utilice las exclamaciones e interjecciones en cursiva en frases parecidas.**

1. ¡*Caramba* con el señorito éste!
2. ¡*Chico,* qué mujer!
3. ¡Pero *hombre*! ¿Cómo tú por aquí?
4. ¡*Ahí va,* se me ha olvidado llamarle!
5. ¡*Toma,* si resulta que está aquí Alfredo!
6. ¡*Arrea,* qué trastazo se ha dado ese coche!
7. ¡*Vaya!* Conque espiando, ¿eh?

8. *¡Mira* que es pesado este hombre!
9. *¡Hay que ver* cómo vive la gente!
10. ¿Te has enterado de que Sofía se ha casado? *¡Cómo!*
11. *¡Mi madre!* ¡Qué cara más dura tiene!
12. *¡Jesús,* qué animal, casi lo mata!
13. *¡Andá,* si me he dejado las llaves dentro de casa!
14. *¡Hija,* qué cosas dices!
15. *¡Olé* la gracia de las madrileñas!
16. *¡Viva* la alegría y el buen vino!
17. *¡Mujer,* a ver si te aclaras!
18. *¡Jo!* Vaya manera de incordiar.

111. **Explique el significado de las siguientes palabras y expresiones.**

Comisaría.	El Congreso.
Ayuntamiento.	Renfe.
Casa de Socorro.	Aduanas.
Caja de Ahorros.	Hacienda.
La Telefónica.	Gestoría.
Correos.	Mudanzas.
Tribunal Supremo.	Consigna.
Ministerio.	Seguridad Social.
La «mili».	Funeraria.
Juzgado.	Secretaría.

Apuntes de clase

UNIDAD

20

112. **Sustituya la parte en cursiva por otra forma equivalente, según el modelo.**

MODELO: Lo compré *para él.* → *Se* lo compré.

1. Lo comprará *para nosotras.*
2. La hemos comprado *para usted.*
3. Los habrán comprado *para ella.*
4. Lo habían comprado *para vosotros.*
5. ¿Lo compraste *para ellas?*
6. Lo compran *para ti.*
7. Los habían comprado *para usted.*
8. Las compraban *para nosotros.*

113. **Sustituya los complementos en cursiva por los correspondientes pronombres personales, realizando los cambios sintácticos necesarios.**

1. Saqué *las entradas* sin ninguna dificultad.
2. Entregué *el regalo a mi madre.*
3. Hemos oído *esa canción* y no nos gusta.
4. Cargué *los gastos* en tu cuenta.
5. Tienen que comer *judías con chorizo.*
6. Cuelgue *el abrigo* en la entrada.
7. Tu mujer va a comprar *una gabardina para ti.*
8. Explicó *el problema a los niños.*
9. Escribí *una postal* desde Roma *a mis compañeros.*
10. No te pongas *esas botas,* te están ridículas.
11. Hemos comentado *la reforma de la casa* con el administrador.
12. Hay que hacer *todo lo que sea pertinente.*

13. Consideraré *sus consejos.*
14. Habrá que decir *a los suscriptores que el próximo número de la revista llega atrasado.*
15. Distribuyó los *folletos propagandísticos entre los alumnos.*

114. Varíe la posición del pronombre o pronombres personales en las siguientes frases, en los casos en que sea posible.

1. No necesito decir*te* lo que tienes que hacer.
2. Dá*mela* en seguida.
3. Quiero comunicár*selo* antes de que se vaya.
4. Estaba comiéndo*sela* con los ojos.
5. Tuvieron que extraer*le* dos muelas.
6. Piénsen*lo* y decidan cuanto antes.
7. Estaba ocultándo*noslo* todo el tiempo y nosotros sin saber*lo*.
8. Tu madre viene a visitar*nos* todos los jueves sin fallar uno.
9. Vámo*nos* antes de que empiece a llover.
10. Está pidiéndo*melo* a voces.

115. Conteste a las siguientes preguntas, afirmativa y negativamente, utilizando los pronombres personales correspondientes.

1. ¿Les has enviado el telegrama? →
2. ¿Se ha puesto usted el impermeable? →
3. ¿Habéis sacado las entradas? →
4. ¿Has tenido en cuenta nuestra advertencia? →
5. ¿Han encontrado ustedes ya el piso que buscaban? →
6. ¿Habéis vendido el libro por fin? →
7. Me disteis la dirección, ¿verdad? →
8. ¿Mandaste el paquete certificado? →

116. Conteste a las siguientes preguntas, afirmativa y negativamente, con un pronombre personal objeto.

1. ¿Tienen mucho dinero? →
2. ¿Hay enemigos de la Constitución? →
3. ¿Es interesante todo lo que dice? →
4. ¿Está la llave echada? →

5. ¿Es difícil ese juego? →
6. ¿Tiene usted mucha prisa? →
7. ¿Hay posibilidad de encontrar entradas? →
8. ¿Tienes frío? →
9. ¿Estaba la carne a punto? →
10. ¿Hay algún camino más corto para llegar allí? →
11. ¿Había mucho personal? →

117. Sustituya la forma *le(s)* por *lo(s)* donde sea posible y correcto.

1. Le reconocí al instante.
2. Les traje a casa en el coche.
3. Le pagué el cheque a Enrique.
4. Les dije que fueran puntuales.
5. Les hablé del tema.
6. Le comprendí sin grandes dificultades (a él).
7. Les vimos en la estación del Norte.
8. Le colocaron en el mejor asiento.
9. Le dije una palabrota.
10. Le destinaron al País Vasco.

118. Sustituya el pronombre *la(s)* por *le(s)* o viceversa donde sea: a) posible, y b) correcto.

1. *Le* escribí una carta a Conchita ayer.
2. *Las* encontramos (a ellas) en Berlín antes de la apertura del muro.
3. *Le* diré a tu querida esposa que estás fenomenal.
4. Estas gambas *las* comemos sólo en este sitio.
5. Allí *les* compramos a tus hermanas lo que nos habían pedido.
6. ¿Quién bañará a la niña? — Yo *la* bañaré.

119. Explique, dando un equivalente, las siguientes expresiones con el verbo *quedar*.

1. Me parece que has quedado muy mal con el personal.
2. Después de la reparación, el coche ha quedado muy bien.
3. Ha quedado en mandarme la carta por correo certificado.

4. A nadie le gusta quedar en ridículo.
5. ¿Nos bañamos, o no nos bañamos, en qué quedamos?
6. Me ha salido un plan y he quedado con él en la puerta del pub.
7. ¿Quedamos a las siete o a las ocho?
8. Corre un poco más; te estás quedando atrás.
9. Ten cuidado; me parece que se está quedando contigo.

Apuntes de clase

UNIDAD 21

120. Rellene los puntos con el pronombre personal adecuado.

1. A esa señorita ya ...... conocía antes.
2. Aquel jarrón ...... había comprado en Hong-Kong.
3. Esto ...... considero inútil.
4. Cree que ...... sabe todo.
5. Esa oportunidad ...... dejé pasar.
6. Aquello me ...... temía.
7. Estos papeles ...... voy a tirar.
8. El pasaporte ...... renové la semana pasada.
9. Las fotografías ...... saqué en un fotomatón.
10. Siempre ...... quiere todo y no da nunca nada a cambio.

121. Transforme las siguientes frases, según el modelo.

Ya *le* hemos enviado el dinero a tu socio.
El dinero ya *se lo* hemos enviado a tu socio.
A tu socio ya *le* hemos enviado el dinero.

1. Le han quitado el vendaje al enfermo.
   El vendaje ......
   Al enfermo ......
2. Le van a sacar la muela del juicio mañana.
   La muela del juicio ......
   A él ......
3. Les vendimos la lancha a nuestros vecinos.
   La lancha ......
   A nuestros vecinos ......

4. Me han regalado esa raqueta australiana.
Esa raqueta australiana ......
A mí ......
5. Le expliqué los detalles a mi secretario.
Los detalles ......
A mi secretario ......
6. No han pasado todavía la cuenta del gas a ningún inquilino.
La cuenta del gas ......
A ningún inquilino ......

122. **Coloque la partícula** *se* **donde sea posible o necesario.**

1. No voy a esa peluquería porque el peluquero ...... peina muy mal.
2. ...... corta el pelo una vez al mes.
3. En Navidades ...... viene toda la familia a mi casa.
4. Él ...... estudió la lección con puntos y comas.
5. ...... marchó de casa hace dos años, y no le hemos vuelto a ver.
6. Al peinar...... siempre ...... mira en el espejo.
7. ...... estuvieron quietos durante toda la conferencia.
8. Cuando esta chica trabaja nunca ...... asoma a la ventana.
9. Antes de convencer...... a los demás tiene que convencer...... él mismo.
10. ...... pelean constantemente por cualquier tontería.
11. ¡Baje...... usted de ahí! Es peligroso.
12. Cuando ...... riega las flores ...... pone a cantar.
13. Está loco, ... escribe cartas a sí mismo.
14. Cuando le dije lo que pasaba ...... quedó estupefacto.
15. Aquellos señores ...... odiaban a muerte.
16. ...... oyen muchos rumores estos días sobre la vida de los banqueros.
17. ¡Andá! ...... me ha olvidado la llave del portal.
18. ...... nos recomendó que tuviéramos mucho tacto.
19. ...... entregan pedidos a domicilio.
20. En los países mediterráneos ...... bebe vino en las comidas.
21. ¡Esté...... quieto y no haga ruido!
22. ...... han ido de Atenas, ahora viven en Estocolmo.
23. Hablas bien el castellano pero ...... te nota el acento alemán.
24. Si no tenemos bastante dinero en efectivo, ... le envía un cheque y asunto concluido.
25. ¡Que se fastidie! ...... lo tiene bien merecido.
26. Esos dos ...... quieren con todo el ardor de la juventud.

27. ...... conoce que a ninguno de ellos le interesa la economía.
28. ...... compra oro, plata y piedras preciosas.

123. Explique el sentido de las siguientes expresiones.

1. Patearon la obra de teatro.
2. Durante la conferencia, el público era todo oídos.
3. Esta bocacalle no tiene salida.
4. Ojos que no ven, corazón que no siente.
5. Siempre se sale con la suya; tiene mucha mano izquierda.
6. No pegué ojo en toda la noche.

124. Nombres de parentesco.

1. ¿Cómo se llama el marido de mi hermana? →
2.   el hijo de mi hermano? →
3.   el padre de mi mujer? →
4.   el marido de mi hija? →
5.   la hermana de mi madre? →
6.   el hijo de mi tío? →
7.   la madre de mi padre? →
8.   la abuela de mi madre? →
9.   la mujer de mi hijo? →
10.   el hermano de mi mujer? →
11.   el hombre cuya esposa ha muerto? →
12.   el segundo marido de mi madre? →
13.   el hijo del primer matrimonio de mi mujer? →
14.   la segunda esposa de mi padre? →
15.   mi padre de bautismo? →
16.   mi madre de bautismo? →
17.   mi hijo de bautismo? →

Apuntes de clase

UNIDAD

22

125. Ponga el adjetivo o pronombre demostrativos que mejor se adapte al contexto.

Este, esta, esto, estos, estas:

1. ...... caballos no son purasangres, ... sí lo es.
2. Tu periódico habla mucho sobre el asunto, pero ...... lo trata con más ingenio.
3. Mis camisas son mejores que ......, aunque también son más caras.
4. ...... se creen muy listos, pero creo que les va a salir el tiro por la culata.
5. No conozco ...... novela, ni tampoco ...... cuentos.
6. Lo mejor que puedes hacer es llevarte mi bicicleta y tirar ...... trasto.
7. Francamente, ... que dices me parece una locura.

Ese, esa, eso, esos, esas:

8. No me refiero a esto, sino a ...... que tú y yo sabemos.
9. ...... afirmación me parece demasiado temeraria.
10. A ...... les voy a ajustar yo las cuentas.
11. Los caballeretes ...... vienen por aquí todos los días.
12. Cuidado, te has pasado ...... disco rojo.

Aquel, aquella, aquello, aquellos, aquellas:

13. ...... chica es mucho más atractiva que ésta.
14. Lo pasamos en grande ...... vacaciones.
15. No es de ...... de lo que quería hablarte, sino de esto.
16. Los romanos y los griegos pusieron las bases de la cultura occidental, éstos en el terreno teórico, ... en el terreno práctico.
17. En ...... circunstancias era imposible actuar.

126. De las formas que van entre paréntesis, elimine las que no considere adecuadas.

La solución que das al problema no me parece oportuna. En *(esta - esa - aquella)* situación lo mejor es guiarse por la conversación que tuvimos en *(este - ese - aquel)* café de la calle del Barco. Comprenderás que *(esta - esa - aquella)* secretaria, por muy eficiente que sea, no tiene *(este - ese - aquel)* don de gentes que se necesita en una empresa de *(este - ese - aquel)* tipo. A *(estas - esas - aquellas)* alturas, debería haber aprendido a tratar a nuestros acreedores con más tacto. Sinceramente, creo que deberíamos reemplazar a *(esta, esa, aquella)* secretaria por *(esta - esa - aquella)* otra que nos recomendó *(este - ese - aquel)* colega con el que hablamos en el café. De *(esta - esa - aquella)* manera, con una mujer agradable y de buena presencia, para recibir a los clientes malhumorados, evitaríamos *(estos - esos - aquellos)* incidentes que se vienen sucediendo de un tiempo a *(esta - esa - aquella)* parte.

127. Explique el sentido de los siguientes modismos y expresiones estudiantiles.

1. Se le da muy bien tomar apuntes.
2. He sacado un aprobado, dos notables, tres sobresalientes y una matrícula de honor.
3. Le han concedido una beca.
4. Ese chico alto es un empollón.
5. ¿Te vas a presentar a ese examen?
6. Hoy pasará lista el profesor.
7. Estoy pegado(a) (pez) en física.
8. ¡Vaya tía! Siempre lleva chuletas al examen.

128. ¿A qué país, ciudad o región pertenecen los siguientes gentilicios?

1. Donostiarra.
2. Catalán.
3. Argelino.
4. Gaditano.
5. Vallisoletano.
6. Abulense.
7. Malagueño.
8. Vasco.
9. Ecuatoriano.
10. Costarricense.
11. Vietnamita.
12. Libanés.
13. Rumano.
14. Suizo.
15. Libio.
16. Danés.

129. Explique la diferencia entre las siguientes palabras.

1. Aptitud ≠ talento.
2. Jugo ≠ zumo.
3. Sensible ≠ sensato.
4. Colegio ≠ escuela ≠ instituto.
5. Cursi ≠ ridículo.
6. Pudor ≠ modestia.
6. Suave ≠ blando.
6. Liso ≠ áspero.

Apuntes de clase

UNIDAD

23

130. **Coloque el adjetivo o pronombre posesivos más adecuado al contexto.**

1.ª Persona singular (yo)

1. No te consiento que uses ...... coche.
2. Este amigo ...... sabe mucho de historia.
3. Tus preocupaciones no son las ......
4. Tu profesión es interesante, pero la ...... es fascinante.

2.ª Persona singular (tú)

1. Mi chica cocina mejor que ...... mujer.
2. Lo que es mío es también ......
3. ...... amigotes me fastidian.
4. ...... razones no me convencen en absoluto.

3.ª Persona singular (él, ella)

1. ...... desesperación era verdaderamente patética.
2. ...... negocios iban de mal en peor.
3. Este libro ...... es un rollo.
4. Hay que reconocer que nuestros empleados son menos capaces que los ......

1.ª Persona plural [nosotros(as)]

1. ...... aspiraciones son idénticas.
2. Ese jardín se parece al ......
3. Aquella casa ...... está hecha una pena.
4. No desconfíes; es ......

2.ª Persona plural [vosotros(as)]

1. ...... hijos son muy salados.
2. Dijo el orador: «Jóvenes, el mundo es ......»
3. Con su permiso y con el ...... me retiro.
4. Cuidad ...... amistades.

3.ª Persona plural (ellos, ellas)

1. ...... pretensiones eran demasiadas.
2. En ...... caso yo no me preocuparía.
3. Este cuñado ...... es un hombre de bien.
4. Se me averió el coche en las mismas circunstancias que las ......

(Usted - ustedes)

1. Déme ...... dirección y ...... teléfono.
2. Hay que reconocer que ...... punto de vista es convincente.
3. Sí, mi chico es aplicado, pero el ...... es más inteligente.
4. ¿Son ...... estos papeles?

131. Rellene los puntos con la forma adecuada del posesivo.

1. No sabe qué hacer con ...... hijo mayor. Es un bala perdida.
2. ¿No has traído ...... (de ti) paraguas? ¡Llévate el mío!
3. ...... (de nosotros) puntos de vista coinciden.
4. ...... (de vosotros) razones no me convencen.
5. Si estudias, la moto será ...... (de ti).
6. No me quiero meter en ...... (de ellos) negocios.
7. Estas batas son ...... (de ellas), no las cojáis.

132. Rellene los puntos con el artículo y la preposición que exija el contexto.

1. La voz que oíste no era .... John Lennon; era .... otro Beatle.
2. Los servicios están allí; .... las señoras a la derecha y .... caballeros a la izquierda.
3. Los niños que juegan en el jardín no son míos; son .... los vecinos.
4. Los abrigos que están en la cama son .... los invitados.

117

5. El tema de la tesis de Nieves es interesante; .... Maruchi, aburridísimo.
6. El equipaje de usted ya ha llegado; .... sus amigos tardará más.
7. Los hijos de los ricos siempre tienen más oportunidades que .... los pobres.
8. Las perlas de este collar son falsas; .... ése que ves allí, auténticas.
9. Los tenistas de hace años era buenos; .... hoy día son mejores.
10. La gestión de su primo ya está resuelta; .... su cuñada tendrá que esperar un poco.

133. Explique el significado de las siguientes palabras y expresiones.

Cartero.
Guardarropa.
Guardia urbano.
Guardia civil.
Policía nacional.
Policía municipal.
Abono de transportes.

Partida de nacimiento.
Partida de bautismo.
Certificado médico.
Carnet de identidad.
Carnet de conducir.
Militar.
Funcionario.

Apuntes de clase

UNIDAD 24

134. Dé la forma adecuada del artículo determinado.

1. ...... que fue a Sevilla, perdió su silla.
2. No te fíes de ...... que prometen demasiado.
3. No todo ...... que dice es interesante.
4. Esa chaqueta te sienta mal, ... de pana te cae mejor.
5. Los vecinos de abajo son muy ruidosos, ... de enfrente son muy prudentes.
6. No vino tu novia, ... que vino fue su hermana.
7. Los vinos de la Rioja son más ásperos que ...... de Andalucía.
8. Esa calle es dirección prohibida, ... de la derecha, no.
9. Esa tienda es muy cara. Compra en ...... de la esquina.
10. ...... de Rodríguez son unas cursis.
11. Esta raqueta no me va; con ...... de tu hermano juego mejor.

135. Coloque la forma o formas adecuadas de los relativos en cursiva en las frases siguientes.

Que, cual-es, quien-es, cuyo-a-os-as

1. Esta mañana ha estado aquí el representante por ...... preguntabas.
2. Hay muchas cosas de ese señor ...... no comprendo.
3. ...... espera, desespera, reza el refrán.
4. Elige el libro ...... quieras.
5. Eres tú a ...... quiero hablar, y no a tu hermano.
6. He visto al ingeniero ...... padre es compañero del mío.
7. Estas revistas las hemos leído ya, pero las ...... nos interesan no las hemos podido conseguir.
8. La obra de teatro con ...... debutó ese actor era bastante mala.

9. Los chicos ...... nos acompañan, estudian Empresariales.
10. Hemingway, ... obras son conocidas en todo el mundo, era un gran entusiasta de los toros.
11. Fue él ...... llegó tarde, no tú.
12. En este momento en ...... atravesamos circunstancias difíciles, es preferible no arriesgarse.
13. La aldea en ...... naciste no tenía ni teléfono ni electricidad, lo ...... por desgracia, era muy corriente hace años.
14. Al ...... he visto mucho esta temporada es a Luis.

136. Coloque una forma adecuada del relativo en las siguientes frases.

1. Me ha dado todo ...... pedí.
2. Apenas me habló, de ...... deduzco que está enfadado conmigo.
3. Hay ...... nace cansado y no se recupera en la vida.
4. Él es ...... debe presentarse al director.
5. La semana ...... viene salimos de viaje.
6. Los ...... lo deseen pueden hacer el examen el próximo día.
7. Te mando las medicinas ...... me encargaste.
8. Los obreros, ... vivían lejos, llegaron tarde al trabajo.
9. Los alumnos ...... no estudiaron lo suficiente, suspendieron la asignatura.
10. Tiraron las manzanas, ... estaban podridas, a los cerdos.
11. Los bomberos ...... estaban de guardia, acudieron con gran rapidez a la llamada.
12. Te voy a explicar la razón por ...... estoy aquí.
13. ...... mucho abarca, poco aprieta.
14. Las personas ...... estaban detrás, apenas podían ver ni oír a los actores.
15. El pueblo ...... olvida su historia está condenado a repetirla, dijo Jorge Santayana.

137. Dé la forma apropiada del pronombre o adverbio relativos.

1. Ellas fueron ...... nos ayudaron.
2. Este chico es ...... hace los recados.
3. Fue el viernes ...... se fueron.
4. Allí era ...... vivían.
5. Le di ...... tenía.
6. Es contigo con ...... quiero dialogar.
7. Fue por eso por ...... reñimos.

8. Era de Marta de ...... hablábamos.
9. Lo hizo ...... creyó conveniente.
10. La tratarán ...... la vean vestida.
11. ¿Era para aquello para ...... me necesitabas?
12. Es desde aquí desde ...... se ve mejor el espectáculo.

138. Diga los verbos de significación contraria a los siguientes.

1. Trabajar.	11. Expirar.	21. Alojar.
2. Reunir.	12. Recibir.	22. Limpiar.
3. Recordar.	13. Aumentar.	23. Aparecer.
4. Sentarse.	14. Amanecer.	24. Montar.
5. Vestirse.	15. Moverse.	25. Habitar.
6. Apearse.	16. Comer.	26. Excluir.
7. Hablar.	17. Atar.	27. Meter.
8. Conocer.	18. Construir.	28. Abrochar.
9. Peinarse.	19. Divertirse.	29. Salir.
10. Poner.	20. Regresar.	30. Mojar.

139. Haga una frase con cada una de estas palabras que muestre claramente su significado. (Busque en el diccionario de la Real Academia las que desconozca.)

chollo	desmadre
incordio	mogollón
contactar	promocionar
parapsicología	relajo
retiro	sentada
pintada	serial
porcentaje	ordenador
machismo	feminismo

Apuntes de clase

UNIDAD

25

140. Lea las siguientes frases.

1. Hizo todo el viaje a una media de 120 kilómetros por hora.
2. Había unas 100 personas en la conferencia.
3. Me quedan 1.000 pesetas para terminar el mes.
4. Fueron a recibirle unas 3.000 personas.
5. Vivo en Mayor, 45, piso 1.º E, cerca de la plaza de Oriente.
6. Nuestros amigos han alquilado el 3.ᵉʳ piso de esa casa.
7. El 1 de noviembre es fiesta en todo el territorio nacional.
8. Desde 1980 ha aumentado enormemente la circulación en Madrid.
9. El siglo XX es el siglo de la técnica y el XIX el de la ciencia.
10. América fue descubierta en 1492.
11. Este año celebramos el 20 aniversario de nuestra boda.
12. Su abuelo llegó a vivir 103 años.
13. La guerra civil española duró de 1936 a 1939.
14. La noche del 31 de diciembre se llama en España Nochevieja.
15. El año 1000 se creyó que marcaría el fin del mundo en toda la Cristiandad.
16. Creo que no gana más de 12.500 pesetas a la semana.
17. ¿Tiene usted bastante con 7.000 escudos?
18. La población de la ciudad de Méjico era de 7.000.000 de habitantes en 1970, hoy tiene 30.000.000.
19. Ávila está situada a 1.000 metros sobre el nivel del mar.
20. En Córdoba es muy frecuente alcanzar temperaturas de 40º centígrados sobre cero en pleno verano.
21. Mi amigo ganó 100.000 pesetas a las quinielas y a mí me tocó 1/4 de millón.
22. El año 1981 fue uno de los más secos del siglo en Andalucía, y el 1989 uno de los más lluviosos.

141. Lea los siguientes números en forma ordinal.

1, 2, 3, 4, 5, 6, 7, 8, 9, 10, 11, 12, 13, 14, 15, 20, 23, 25, 29.

142. Lea los siguientes números romanos.

I, II, III, IV, V, XIX, XC, MCCXV, LVII, MCDXXV.

143. Lea estas operaciones aritméticas.

$5 + 7 = 12$; $30 - 5 = 25$; $5 \times 3 = 15$; $24 : 6 = 4$.

144. Explique el significado de los siguientes modismos con numerales.

1. Nos visita cada dos por tres.
2. Esto es tan cierto como que dos y dos son cuatro.
3. Sigue en sus trece; no hay quien le convenza.
4. Voy a tener que cantarle las cuarenta.
5. Allí no había más que cuatro gatos.
6. A pesar de lo que digas, tu hermano te da ciento y raya.
7. No hay por qué buscarle tres pies al gato.
8. Me importa un rábano.
9. A la tercera va la vencida.
10. Los últimos serán los primeros.
11. Una de dos, o están borrachos o se hacen.

145. Haga frases que tengan sentido con las siguientes palabras y expresiones del lenguaje amoroso.

Coquetear con.
Ir en serio.
Quedar (citado) con alguien.
Anulación.
Casarse de «penalty».
Dejar plantado (a).
Desengañar.

Ser cariñoso(a).
Salir con (alguien).
Engañar (ponerle los cuernos) a alguien.
Separación.
Pelearse con.
Enamorarse de.
Rejuntarse.

Apuntes de clase

UNIDAD

26

146. Complete el sentido de estas frases con el indefinido, numeral o demostrativo más adecuado al contexto.

Alguno, ninguno, cualquier(a), uno, ambos, primero, tercero, sendos, tal.

1. Según la Biblia, nuestros ...... padres fueron Adán y Eva.
2. Eso que estás haciendo lo puede hacer ......; no tiene nada de particular.
3. Es un hombre que tiene muchas respuestas y ...... pregunta.
4. Ya te lo he dicho dos veces; a la ...... va la vencida.
5. La ...... Guerra Mundial empezó en 1914.
6. Ese tejido se encuentra en ...... tienda; es muy corriente.
7. ¿Ha visto usted esa película que se titula «El ...... hombre»?
8. Esta porcelana antigua la compré en ...... tenducho del Rastro.
9. La ...... vez que lo vi me resultó antipático, pero después he cambiado de opinión.
10. ¿Tienes ...... dinero suelto?, necesito pagar el taxi y no tengo cambio.
11. Siento decir que no me gusta ...... novelista actual; son unos pelmazos.
12. ¡...... diría que ha pasado hambre!, ahora tiene tres coches.
13. Eso que dices lo sabe ......
14. ¡...... lo adivina!
15. ...... hermanos se compraron ...... abrigos.
16. ...... razones no me convencen ni me convencerán nunca.
17. ...... contendientes terminaron agotados.
18. En ...... circunstancias no puedo negarme a ayudarte.
19. Con motivo del día de la Patrona se distribuirán 8.000 tortillas a la española y un número igual de chuletas de cordero en ...... bolsas de papel parafinado.

147. Complete el sentido de estas frases con el adverbio o adjetivo que mejor vaya al contexto.

Muy, mucho, bien, bueno.

1. El gazpacho frío sabe ......
2. Se expresa ......
3. Tengo ...... hambre.
4. No me encuentro ......; tengo ...... dolor de cabeza.
5. La película fue bastante ......
6. El postre está ....
7. No estoy ...... hoy.
8. Tu determinación no me convence ......
9. Eso está ...., pero me cuesta ...... trabajo creerlo.
10. Eran gente de ...... dinero.

148. Complete las siguientes frases con una preposición y un infinitivo.

1. Se enorgullece ....
2. No te vanaglories ....
3. No vuelvas ....
4. Acostumbra ....
5. Accedí ....
6. He aprendido ....
7. Hay que arriesgarse ....
8. Se apresuró ....
9. Aspiro ....
10. Basta ....
11. No cesa ....
12. No te comprometas ....
13. No confío ....
14. Todo consiste ....

149. Diga los adjetivos contrarios a los que aparecen en cursiva.

1. Estas naranjas son *dulces.*
2. Ésta es agua *dulce.*
3. Tiene una mentalidad muy *cerrada.*
4. Es una región muy *fértil.*

5. Es un niño *tímido*.
6. Mi abuelo es muy *tacaño*.
7. Sus palabras fueron *sinceras*.
8. Nos chocó lo *orgulloso* de su conducta.
9. La comida está *sabrosa*.

150. Forme frases con las siguientes expresiones donde aparece la palabra *punto*.

1. Estar a punto de.
2. Punto de vista.
3. Puntos suspensivos.
4. En punto.
5. Punto seguido.
6. Lo dijo él y punto.
7. Hacer punto.
8. Punto y aparte.
9. Punto cardinal.
10. Poner puntos (en una herida).

151. Lea e identifique los anglicismos de la columna de la izquierda con palabras españolas de la columna de la derecha.

parking	trauma
chequeo	marca
record	parada (alto)
night club	sala de fiestas
round	asalto
stop	pelea
match	cuadrilátero
marketing	aparcamiento
shock	estudio de mercados
ring	reconocimiento médico
reportero	periodista

Apuntes de clase

UNIDAD

27

152. Diga el femenino de las siguientes palabras.

1. Toro.
2. Presidente.
3. Yerno.
4. Caballo.
5. Rey.
6. Joven.
7. Dependiente.
8. Intérprete.
9. Cantante.
10. Mar.
11. Tío.
12. Sastre.
13. Actor.
14. Príncipe.
15. Imbécil.
16. Estudiante.
17. Testigo.
18. Suegro.
19. Carnero.
20. Azúcar.
21. Padrino.
22. Tigre.
23. Alcalde.
24. Pianista.
25. Varón.
26. Padre.
27. Mártir.
28. Homicida.
29. Conferenciante.
30. Cuñado.

153. Diga el femenino de las siguientes palabras.

1. Catedrático.
2. Poeta.
3. Bailarín.
4. Emperador.
5. Juez.
6. Sacerdote.
7. Secretario.
8. Amante.
9. Sirviente.
10. Médico.
11. Locutor.
12. Profesor.
13. Mulo.
14. Marqués.
15. Abogado.
16. Telefonista.
17. Periodista.
18. Adolescente.
19. Deportista.
20. Candidato.

154. Determine el género de las siguientes palabras colocándole el artículo determinado apropiado.

1.	Broma.	18.	Pote.	35.	Canarias.
2.	Idioma.	19.	U.	36.	Matemáticas.
3.	Radiador.	20.	Tos.	37.	Vejez.
4.	Fantasma.	21.	Mapa.	38.	Ave.
5.	Corazón.	22.	Higuera.	39.	Metrópoli.
6.	Radio.	23.	Higo.	40.	Análisis.
7.	Lengua.	24.	Catorce.	41.	Flor.
8.	Tema.	25.	Dibujo.	42.	Libertad.
9.	Canción.	26.	Amor.	43.	Clima.
10.	Día.	27.	Énfasis.	44.	Crucigrama.
11.	Papa.	28.	Sal.	45.	Trigo.
12.	Reúma.	29.	Tesis.	46.	Mano.
13.	Menú.	30.	Cárcel.	47.	Escultura.
14.	Pez.	31.	Planeta.	48.	Césped.
15.	Uva.	32.	Problema.	49.	Telegrama.
16.	Juventud.	33.	Ciruela.	50.	Sistema.
17.	Tribu.	34.	Programa.	51.	Lema.

155. Explique las diferencias entre las siguientes frases.

1. Le llevé el maletín a la oficina.
   Le traje el maletín a la oficina.
2. A pesar de haberles prestado el dinero, no le llevaron ni el más mísero regalo.
   A pesar de haberles prestado el dinero, no les trajeron ni el más mísero regalo.
3. Salimos de casa al anochecer.
   Nos fuimos de casa al anochecer.
4. ¡Espere usted! Salgo dentro de unos segundos.
   ¡Espere usted! Me voy dentro de unos segundos.
5. Salimos de España dos veces al año.
   Me voy de España pasado mañana.

156. Palabras que cambian de significado según el género. Forme frases.

1. El capital ≠ la capital.
2. El orden ≠ la orden.

3. El cura ≠ la cura.
4. El frente ≠ la frente.
5. El corte ≠ la corte.
6. El cólera ≠ la cólera.
7. El margen ≠ la margen.
8. El policía ≠ la policía.
9. El vocal ≠ la vocal.
10. El calavera ≠ la calavera.

Apuntes de clase

UNIDAD

28

157. **Ponga las siguientes palabras en plural.**

1. El lunes.
2. El lápiz.
3. El carácter.
4. La crisis.
5. El andaluz.
6. El cáliz.
7. El rubí.
8. El hacha.
9. El jabalí.
10. El agua.
11. El águila.
12. El viernes.
13. El régimen.
14. La voz.
15. La cruz.
16. La tesis.

158. **¿Cuáles de las siguientes palabras admiten el singular?**

1. Gafas.
2. Tijeras.
3. Víveres.
4. Tenazas.
5. Gemelos.
6. Modales.
7. Alrededores.
8. Afueras.
9. Tinieblas.
10. Agujetas.
11. Pantalones.
12. Alicates.
13. Cosquillas.
14. Narices.
15. Calcetines.
16. Enseres.
17. Pulmones.
18. Orejas.
19. Celos.
20. Bodas.
21. Funerales.
22. Postres.
23. Helados.
24. Equipajes.

159. Palabras que tienen distinto significado según vayan en singular o plural. Forme frases en ambos números.

1. Facción.
2. Corte.
3. Esposa.
4. Grillo.
5. Bien.
6. Deber.
7. Celo.
8. Alma.
9. Facilidad.
10. Fuerza.

160. ¿Cuáles de las siguientes palabras admiten plural?

1. Sed.
2. Calor.
3. Temblor.
4. Oeste.
5. Club.
6. Salud.
7. Hambre.
8. Tez.
9. Razón.
10. Caos.
11. Puñetazo.
12. Caridad.
13. Plata.
14. Enhorabuena.
15. Ciervo.
16. Pescado.

161. Explique el sentido de las siguientes construcciones con los verbos *pasar* o *caer*.

1. Lo han pasado muy bien en la verbena.
2. ¡Muy ingenioso!, pero te pasas de listo.
3. ¡Camarero, el filete que esté muy pasado!
4. No te cae bien ese gorro.
5. La Semana Santa suele caer por marzo o abril.
6. No han llegado, pero están al caer.
7. Yo paso de política.
8. ¡Como hagas eso, se te va a caer el pelo!
9. ¡Hija!, eso es pasarse de la raya.
10. Metió la pata y se cayó con todo el equipo.

162. Forme frases que tengan sentido con las palabras siguientes. (Palabras que cambian de significado según el género.)

el cometa ≠ la cometa
el pendiente ≠ la pendiente
el partido ≠ la partida
el cubo ≠ la cuba
el soldado ≠ la soldada
el pez ≠ la pez

el editorial ≠ la editorial
el guía ≠ la guía
el parte ≠ la parte
el coma ≠ la coma
el pelota ≠ la pelota
el palo ≠ la pala

Apuntes de clase

UNIDAD 29

163. Coloque el artículo determinado donde sea necesario.

1. No sabes ...... trabajo que me costó pintar la habitación.
2. Habla ...... francés e ...... inglés a ...... perfección.
3. Va por ...... cuarto año de ...... derecho.
4. ¿Te gusta ...... fruta o prefieres ...... flan?
5. ¡Ay, me he mordido ...... lengua!
6. Se arremangó ...... camisa; hacía mucho calor en la habitación.
7. Me duele ...... dedo gordo de ...... pie.
8. Con ese traje te iría mejor ...... corbata azul.
9. Se metió ...... mano en ...... bolsillo.
10. Estudia ...... matemáticas para ingresar en una escuela de ingenieros.
11. No le gusta ...... arte, prefiere ...... historia.
12. ¡Bueno, hasta ...... sábado a ...... once en punto!
13. Me encanta ...... chocolate con ...... churros.
14. ...... gramática suele resultar bastante pesada.
15. Sabe ...... taquimecanografía y es trilingüe; eso le ayudará a conseguir un buen empleo.
16. ...... ser humano es ambicioso por naturaleza.
17. ...... Madrid del siglo XIX era un pueblo grande.
18. ...... Tío Sam es un símbolo de los Estados Unidos.
19. ...... alegrías y ...... penas se mezclan en nuestra vida.

164. Coloque el artículo indeterminado donde sea necesario.

1. Me gusta María porque tiene ...... algo muy atractivo.
2. Le dio ...... cólico a medianoche por comer en exceso.
3. Su hermano es ...... pintor, pero no gana ...... céntimo.

4. Los huevos están a 250 pesetas ...... docena.
5. Él es ...... católico, pero su mujer es ...... protestante.
6. Fui ...... profesor de ese colegio, pero ahora enseño en ...... otro.
7. Por aquella época era ...... electricista.
8. ¡Señorita!, soy ...... soltero y sin compromiso!
9. ¡Caballero!, soy ...... casada!
10. Le estoy cogiendo ...... asco .tremendo a esta casa.
11. Tengo ...... resaca espantosa, ayer bebí mucho.
12. Hoy estás de ...... antipático que no hay quien te aguante.
13. No me gusta esa chica, es de ...... soso increíble.
14. ¡Qué ...... lástima!, no hemos tenido tiempo de saludarle.
15. Vino ...... otra persona a verme por lo del empleo.
16. Como ...... abogado debo recomendarle que tenga prudencia.
17. Su difunta madre era toda ...... mujer.
18. Está hecho ...... calavera.
19. Se cree ...... Dios.
20. El catedrático de geología es ...... hueso.
21. En la esquina había ...... tipos mal encarados.
22. ¿Qué es? — Es ...... jueza en el País Vasco.

165. **Coloque el artículo determinado o indeterminado donde sea necesario.**

1. ...... doctor, me pica mucho la nariz estos días.
2. ...... señor presidente, ¿por qué no nos sube el sueldo?
3. ...... sábados por la tarde cierra el comercio.
4. En ...... martes ni te cases ni te embarques.
5. ...... señor Ardau es ...... hombre muy ocupado.
6. En dos minutos se puso ...... corbata, ... camisa, ... pantalones y ...... zapatos.
7. Tenemos ...... coche, pero no lo usamos.
8. Su conducta era impropia de ...... catedrático.
9. A pesar de su juventud era todo ...... hombre.
10. Mi amigo Enrique es ...... Don Juan.
11. Me fumé ...... paquete completo de cigarrillos y luego ...... otro que me dieron.
12. El problema de muchos jóvenes españoles es conseguir ...... empleo.
13. Su madre es ...... médica.
14. ...... ancas de rana son ...... manjar en algunos países.
15. ...... romanos fueron un pueblo pragmático y en ocasiones cruel.

166. **Busque la posible equivalencia en su lengua nativa de estos usos del adverbio *ya.***

1. *Ya lo sé,* porque lo he leído.
2. *Él ya estaba* allí cuando yo llegué.
3. *Ya se lo comunicaré* a usted cuando tenga noticia.
4. Lo siento, pero ese señor *ya no vive* aquí.
5. *Ya me lo supongo,* porque me avisó con antelación.
6. *Ya no se ven* los viejos tranvías por las calles de la ciudad.
7. *Ya lo comprendo,* no le des más vueltas al asunto.
8. *Ya no escribe* más porque no le publican nada.
9. ¡*Ya está bien* de bromas! No te pases.
10. ¿Te das cuenta? — *Ya, ya.*
11. Lo mejor es que le devuelvas las tres mil pesetas, ¡y *ya está*!

167. **Forme frases que expresen la diferencia de significado entre las siguientes palabras.**

1. Pez ≠ pescado.
2. Pescador ≠ pescadero.
3. Cuesta ≠ costa.
4. Perjuicio ≠ prejuicio.
5. Sombrero ≠ boina.
6. Zapatos ≠ zapatillas.
7. Lomo ≠ espalda ≠ respaldo.
8. Talón ≠ tacón.
9. Boca ≠ hocico ≠ pico.
10. Diente ≠ muela ≠ colmillo.
11. Abeja ≠ oveja.
12. Folleto ≠ folletín.
13. Esquina ≠ rincón.
14. Jersey ≠ chaleco.
15. Conductor ≠ cobrador.
16. Filo ≠ borde.

Apuntes de clase

168. Use el artículo determinado apropiado.

1. Me hacen daño ...... gafas.
2. A Pepita le duele ...... garganta.
3. Tengo las manos frías y ...... corazón caliente.
4. Antes de salir tienes que ponerte ...... corbata.
5. De tanto secarlo, estropeó ...... pelo.
6. Perdieron ...... pasaporte al poco rato de pasar la frontera.
7. Resbaló y se dislocó ...... hombro izquierdo.
8. Nada más levantarme, me cepillo ...... dientes.

169. Coloque el artículo determinado o indeterminado donde sea necesario.

1. ...... rugby es mucho menos popular en España que el fútbol.
2. Después de comer pidió ...... café, copa y puro.
3. Cuando encarecieron ...... plátanos, compraba ...... naranjas.
4. ...... máquina va sustituyendo a ...... hombre cada vez más.
5. Dame ...... pan y llámame tonto.
6. ...... muerto al hoyo y ...... vivo al bollo.
7. Para ser buen comerciante hay que tener ...... vista.
8. No me agradaba ...... vista que se divisaba desde el balcón.
9. El anuncio del periódico decía: necesitamos ...... guardaespaldas.
10. Se necesita ...... hombre de confianza para dirigir ...... empresa de ámbito internacional.
11. A casi todo el mundo le gusta ...... dulce.
12. ...... doctor Fleming fue ...... gran benefactor de la humanidad.
13. ...... señorita Fernández se distingue por su elegancia en ...... vestir.
14. ...... señor director llega siempre tarde.

15. Se le planteó ...... dilema de abandonarlo y ser feliz o seguir con él y ser desgraciada.

170. **Elija entre los artículos *el* y *lo* el más apropiado al contexto en las frases siguientes.**

1. ...... bueno, si breve, dos veces bueno, dijo Baltasar Gracián.
2. ...... noble es respetar los sentimientos de los demás.
3. Me gusta ...... verde del paisaje asturiano.
4. A todos los niños les gusta ...... dulce.
5. ...... envejecer no es ...... triste, sino ...... ver envejecer a los otros.
6. Se produce vino a ...... largo y a ...... ancho de España.
7. He comprendido ...... noble y ...... bello de esa nación.
8. El sastre me tomó medidas de ...... largo y ...... ancho de la chaqueta.
9. ...... pensar en los demás es la primera regla de la convivencia.
10. ...... hacerse esperar era una de sus características más desagradables.
11. ...... que tenga sesenta años no le autoriza a pontificar.
12. ...... absurdo de Juan es que nunca sabe lo que quiere.
13. ...... que tengas dinero no te autoriza a avasallarnos.
14. ¿No ven ustedes ...... ridículo de su comportamiento?
15. Muestra un culto por ...... antiguo impropio de su edad.
16. Los amigos le hacían ...... vacío.
17. ...... natural es sinónimo de elegancia.
18. Pablo es un pintor especializado en ...... desnudo.

171. **Complete las frases siguientes con la preposición adecuada y un sustantivo o pronombre.**

1. Debería fijarse más ...... lo que hace.
2. En Bruselas nos encontramos ....
3. Si me lo pides me caso ....
4. No se olviden que cuento ....
5. Esta niña no se parece ....
6. Dice que me quiere, pero yo no estoy enamorada ....
7. ¡Como sigas haciendo el tonto me enfado ......!
8. Ayer se enteraron ....
9. No soy tan feo. No sé por qué se asusta ....
10. Siempre se quejan ....

172. Explique el sentido de las siguientes expresiones.

1. Ese sitio que me dices no me cae a mano.
2. No tiene pelos en la lengua.
3. Es un perro viejo; se las sabe todas.
4. Su hermano tiene muy mala pata.
5. Explicó el suceso en un abrir y cerrar de ojos.
6. La gestión salió a pedir de boca.

173. Diga los sinónimos que conozca de las siguientes palabras.

criada	chico
trabajador	baile
clase	guardia
chaqueta	jersey
buque	cristal
periódico	chiste
cuadro	cama

Apuntes de clase

UNIDAD 31

174. Elija entre estas partículas *como, que, más, menos, tanto como, tan, tanto(-a, -os, -as)* las que mejor vayan a las siguientes oraciones.

1. Viven ...... lejos del centro ...... yo.
2. Rodrigo habla italiano ...... bien ...... su padre.
3. Hoy había en la corrida ...... gente ...... ayer.
4. Mi abuela vivió ...... años ...... la tuya.
5. En España se trabaja .... en cualquier otro país europeo.
6. Ese médico no sabe .... parece.
7. ¡No me fastidies! Tú no eras ...... fuerte ...... yo.
8. Joaquín era ...... empollón ...... Paco. Por eso sacaba peores notas.
9. En este país dormimos .... en otras partes del mundo. ¿Verdad?
10. Ese artículo es ...... malo ...... nadie lo compra.
11. Son ...... ridículos ...... producen risa.
12. Últimamente llueve ...... que no se seca la ropa.
13. Gastaban .... no les llegaba a fin de mes.
14. Paca y Celia son ...... encantadoras ...... todo el mundo las quiere.

175. Elija la forma adecuada de estos adjetivos que vaya al contexto.

Bueno, malo, grande, santo, tanto.

1. Todo el mundo conoce la parábola del «...... samaritano ......».
2. El descubrimiento de América fue la ...... aventura ...... del siglo XV.
3. Gana ...... dinero ...... que no sabe qué hacer con él.
4. Es ...... estúpido ...... que ni siquiera sabe dónde tiene la mano derecha.
5. El que disfruta con el daño ajeno es un ...... hombre ......
6. ...... Valentín ...... es el patrón de los enamorados.
7. ...... Tomás ...... fue uno de los grandes filósofos medievales.

8. ¡...... pieza ...... estás tú hecho!
9. Las siete era ...... hora ...... para acudir a la cita porque en ese momento estaba ocupado con otras cosas.
10. El verano es ...... época ...... para hacer excursiones.
11. Las ...... compañías ...... le llevaron a la ruina.
12. ...... Domingo es la capital de la República Dominicana.
13. Habla ...... que aturde a todos los que le escuchan.
14. Era un hombre de ...... ideales ...... y de ambiciosos proyectos.

176. Sustituya con otra forma los superlativos en cursiva.

1. Era una película de suspense *malísima*.
2. La máquina dio un rendimiento *buenísimo*.
3. Aquellos oradores eran *muy elocuentes*.
4. *El mayor* error de Napoleón fue invadir Rusia.
5. El ideal de la economía es siempre conseguir el *más grande* beneficio con el *más pequeño* esfuerzo.
6. «La Maja Desnuda» de Goya es un cuadro *muy célebre*.
7. La fabada asturiana es un plato *muy fuerte*.
8. Su comportamiento en aquella situación fue *muy noble*.
9. España está llena de castillos *muy antiguos*.
10. La propaganda de los nuevos detergentes sostiene que éstos «lavan blanco, *muy blanco*».
11. La Ciudad de los Poetas era un barrio *muy nuevo* de Madrid.
12. Dijo dos o tres máximas *muy sabias* en el curso de su conferencia.

177. Elija entre estos adjetivos el que mejor le vaya al contexto. Algunas oraciones admiten más de una solución.

Mayor, menor, máximo, mínimo, superior, supremo, óptimo, ínfimo.

1. Ese asunto no me importa lo más ......
2. La máquina nos ha salido muy buena, ha dado un resultado ......
3. Conviene dar publicidad a esta reunión; debe venir el ...... número posible de personas.
4. No tengo el ...... deseo de asistir a esa cena.
5. Hay que apurar la vida hasta el ......
6. Este vino está ......; es de primerísima calidad.
7. En el piso ...... vive un pianista célebre.

8. Ese señor es de ...... extracción social y, sin embargo, ha logrado una posición ...... en la sociedad.
9. El Tribunal ...... es el ...... órgano de justicia en España.
10. La ...... oposición a esta reforma de la enseñanza partió de las clases ......

178. Exprese con el verbo adecuado las siguientes ideas.

1. Quitar la suciedad. →
2. Quitar la tapa de un recipiente. →
3. Limpiar el suelo con una escoba. →
4. Poner adornos. →
5. Decir mentiras. →
6. Irse a la cama. →
7. Quitarse la ropa. →
8. Limpiar con el cepillo. →
9. Pasarlo bien. →
10. Ponerse malo. →
11. Ponerse mejor. →
12. Ponerse peor. →
13. Dar valor a algo. →
14. Quitar valor a algo. →
15. Escribir a máquina. →
16. Dar golpes. →

179. Explique claramente la diferencia de significado entre las siguientes palabras.

1. Fruta ≠ fruto.
2. Tienda ≠ almacén ≠ comercio.
3. Barco ≠ barca ≠ bote.
4. Diploma ≠ certificado ≠ título.
5. Bolso ≠ bolsa ≠ bolsillo.
6. Lata ≠ bote.
7. Frasco ≠ botella.
8. Solicitud ≠ impreso.
9. Cascada ≠ catarata.
10. Copa ≠ vaso.

Apuntes de clase

UNIDAD

32

180. Use cada uno de estos adjetivos en la posición y forma correctas que pida el contexto.

Bueno.

1. ¡En ...... lío ...... me has metido!
   ¡...... faena ...... me han hecho!

Triste.

2. Es un ...... empleado ......; no gana ni para zapatos.
   Me contó una ...... historia ...... que me hizo llorar.

Pobre.

3. ¡...... doña Juana ......! Aún se cree joven.
   Es un miserable con ...... parientes ......

Malo.

4. ¡...... negocio ...... me propones!
   Es una persona de ...... instintos ......

Maldito.

5. El ...... dinero ...... es causa de muchos pesares.
   Es una ...... casa ......; nadie quiere vivir en ella.

181. Coloque el adjetivo entre paréntesis en la posición adecuada.

   1. (antigua) Había allí una hermosa porcelana china.
   2. (afectuoso) Me dio un abrazo de bienvenida.

3. (moderno) Instalaron un amplio laboratorio de química.
4. (inexpresivas) La carta está llena de palabras vagas.
5. (oscura) Trabajaba en una buhardilla destartalada.
6. (complicado) Estaba descifrando un jeroglífico egipcio.
7. (política) Asistió a una interesante reunión.
8. (aburrido) Estaba viendo un soso programa de televisión.
9. (llamativa) Llevaba una piel de pantera.
10. (estadísticos) Publicó documentados y brillantes estudios.

182. Repita las siguientes frases incluyendo los adjetivos entre paréntesis en la posición que considere más adecuada.

1. (azules, vaqueros) Llevaba unos pantalones.
2. (otoñal) Contemplábamos la triste y melancólica lluvia.
3. (clandestinos) Los temidos movimientos terroristas.
4. (mercante) El tonelaje de la flota española ha disminuido en los últimos años.
5. (difícil, complejo) El problema aritmético no tenía solución.
6. (rico, riojano) El vino sube de precio de día en día).
7. (fuertes, eléctricas) Le aplicaron corrientes.
8. (clerical) Vestía un oscuro traje.

183. Repita las siguientes frases incluyendo los adjetivos entre paréntesis en la posición que considere más adecuada.

1. (remoto, misterioso) Vivía en un castillo escocés.
2. (agudas, nevadas) A lo lejos se destacaban las cumbres de la sierra.
3. (ilustre, docto) El conferenciante resultó aburrido.
4. (sofisticado) Hablaba en un tono elegante.
5. (largas) En aquella biblioteca pasamos monótonas horas.
6. (distinguida) El señor Pérez estuvo también presente con su bella esposa.
7. (sórdidos, madrileños) Se le veía por los garitos.
8. (espléndidos, árabes) Le regalaron dos caballos.
9. (valiosos, impresionistas) Vendió sus cuadros.
10. (enérgica) La policía, con su actuación envolvente, disolvió la manifestación.

184. Coloque los adjetivos entre paréntesis en la posición que considere más apropiada.

Las (grandes) ...... ciudades ......, que crecen desmesurada y anárquicamente, están supeditadas a un (continuo) ...... desplazamiento ...... de su (tradicional) ...... centro ...... Así, el (geográfico) ...... centro ...... de la Puerta del Sol se está desplazando, pero ¿se desplaza con él todo su (social) ...... entorno ......?

Del (tradicional) ...... centro ...... madrileño se fueron los niños, los (numerosos) ...... pájaros ......, las (vistosas) ...... macetas ...... de los balcones; permanecen las platerías, las (viejas) ...... pensiones ......, las (destartaladas) ...... tiendas ...... de ornamentos y uniformes; han venido la (azul) ...... zona ......, los (modernos) ...... supermercados ...... y los (americanos) ...... bares ......, las (progres) ...... librerías ...... y las (sofisticadas) ...... discotecas ......

185. Explique el sentido de los siguientes modismos y expresiones.

1. ¡A mí no me tomas el pelo!
2. Hace un tiempo de perros.
3. ¡Perdona, pero has metido la pata!
4. Lo sé de oídas.
5. Se me hizo la boca agua al ver el pastel.
6. Lo explicó con pelos y señales.
7. No entender ni jota.
8. Hacer el vacío a alguien.

186. Use las palabras de la columna de la derecha en las siguientes frases.

1. El pintor se hizo su	autógrafo
2. Fue a Bruselas haciendo	autostop
3. Aprendió por sí mismo todo lo que sabe; es un	autocrítica
4. El torero firmó muchos ...... a sus admiradores.	autopista
5. Ésta es una ...... de peaje.	autodidacta
6. Los viajeros se bajaron del	autocar (autobús)
7. Hay un ...... en la esquina donde venden de todo.	autoescuela
8. Aprendió a conducir en una	autoservicio
9. El novelista se hizo una ...... objetiva.	autorretrato
10. Como nadie le elogia, él se hace su ...... particular.	autobombo

Apuntes de clase

UNIDAD

33

187. Coloque la preposición *por* o *para*.

1. ...... tu culpa hemos llegado tarde al teatro.
2. Venimos ...... comunicarle que el experimento ha sido un éxito.
3. Estos días, ... la mañana, hace mucho frío.
4. ...... lo que dice en la carta, debe estar divirtiéndose mucho.
5. ...... abril se anuncian grandes tormentas.
6. Hay que tener cuidado con el niño, se puede caer ...... la ventana.
7. Hemos estado paseando ...... la ciudad más de tres horas.
8. Venimos ...... vosotros, tenemos pensado hacer una excursión a Toledo.
9. ...... ese viaje no necesito maletas.
10. ...... decirte la verdad, estoy un poco cansado de todo esto.
11. Fue declarado culpable ...... el tribunal.
12. ...... lo general, suele llegar tarde.
13. La nueva guía telefónica de Barcelona está ...... salir.
14. Estoy ...... quedarme en casa; hace un frío enorme.
15. La fecha del referéndum ha sido anunciada ...... radio y televisión.
16. ...... ti, haría ese sacrificio y más; ...... tu amiguito, no.
17. Pudimos pasar ...... Bilbao camino de San Sebastián.
18. ...... ser sincero, no me gusta eso que has hecho.
19. ¡...... Dios!, tenga cuidado con lo que hace.
20. Vamos a brindar ...... la feliz pareja.
21. Durante toda su vida lucharon ...... sus principios y convicciones.
22. He dado la cara ...... ti, y tú no me lo agradeces.
23. ...... ese dinero que tú has pagado, me compro yo dos corbatas.
24. ...... 12.000 pesetas se puede ir a las Canarias.
25. ...... fin se ha comprado un traje nuevo; le hacía mucha falta.
26. Pedro Fernández, ¿quiere usted a Laura Rebollo ...... esposa?
27. Baja ...... una botella de vino a la tienda de la esquina.

28. ...... la edad que tiene, debía hablar ya.
29. Esta fiesta está como ...... dormirse.
30. ...... hoy ¡ya está bien!
31. ...... poco nos caemos del tejado ¡chaval!

188. **Coloque la preposición *por* o *para* en los siguientes ejemplos.**

1. ¿Y ...... esto me has mandado llamar?
2. Ha llorado ...... ti toda la mañana.
3. Durante el verano hace jornada intensiva y no trabaja ...... la tarde.
4. ...... lo visto, aún no se ha ido.
5. ...... aquellos meses estuvo muy enfermo.
6. Se escapó ...... la escalera de servicio.
7. No andes ...... el césped; está prohibido.
8. En realidad, lo hice ...... ellos; a mí no me interesaba nada.
9. ...... triunfar hace falta fuerza de voluntad.
10. ...... lo que me cuentas, no estás muy segura de su cariño.
11. ...... terminar, unas palabras de felicitación a nuestro presidente.
12. Estuve ...... ir a verle y decirle cuatro verdades.
13. Tengo un dinero ...... cobrar.
14. Lo llamaron ...... el altavoz.
15. El consejero de administración votó ...... una subida de salarios.
16. Voy a estar atento ...... si acaso hablan de mí.
17. Hombre precavido vale ...... dos.
18. ...... inteligente tu compañera.
19. ...... Galdós la España del siglo XIX era una paranoia colectiva.
20. ...... mí en este país hay un exceso de papeleo.
21. ...... mí, majo, puedes hacer lo que te venga en gana.
22. Hagan estos ejercicios ...... el miércoles que viene.
23. La preocupación por la naturaleza es ...... nosotras asunto primordial.
24. Presumen demasiado ...... lo poco que saben.
25. No le des más vueltas. Nos lo merecemos ...... por gilís.
26. Seis ...... cinco son treinta.

189. Haga frases con las siguientes expresiones dejando claro su significado.

1.	Hoy por hoy.	12.	Para colmo de males.
2.	Por fin.	13.	Por lo visto.
3.	Por cierto	14.	Por lo general.
4.	Por último.	15.	Por lo menos.
5.	Por hoy.	16.	Por ahora.
6.	Por suerte.	17.	Por desgracia.
7.	Por lo pronto.	18.	Por encima.
8.	Por siempre jamás.	19.	Cada dos por tres.
9.	Por poco.	20.	Por si (acaso).
10.	Por mucho (más) que.	21.	Por poco que.
11.	Por lo bajo.	22.	Por supuesto.

190. Rellene los puntos con un verbo adecuado.

1. Al ...... las doce, todo el mundo se tomó las clásicas uvas.
2. Conviene que te ...... otra vez el traje antes de pagarlo.
3. No sabes ...... el nudo de la corbata.
4. El pintor ...... sus cuadros en una sala céntrica de Barcelona.
5. La comedia de tu amigo se ...... mañana por la noche.
6. No te ...... prisa para comer; aún no han ...... la mesa.
7. Como mañana es fiesta, hoy he ...... la compra para dos días.

191. Explique el sentido de las siguientes expresiones estudiantiles.

1. La clase de geografía es un rollo.
2. Se llevó varias chuletas al examen.
3. Está haciendo la tesina.
4. Ha sacado las oposiciones a cátedra.
5. Vive en un colegio mayor.
6. ¿Has hecho ya la matrícula?
7. Estoy haciendo un curso de historia del español.

Apuntes de clase

UNIDAD

34

192. Emplee la preposición _a_ en los casos en que sea necesario.

1. Vimos ...... tus padres en una discoteca del centro.
2. El otro día conocí ...... un tío fenomenal en la playa.
3. El adjetivo acompaña ...... (el) sustantivo.
4. ¿Contestaste ...... las preguntas que te hicieron?
5. Aquí se venden ...... las cerezas a precio de costo.
6. Como no había sitio, envié ...... cinco pasajeros a primera clase.
7. Pero ¿todavía no has escrito ...... tu familia?
8. La semana pasada Jorge apenas probó ...... bocado.
9. Hay que contratar ...... gente trabajadora y no ...... vagos.
10. Ese médico ha curado ...... un montón de personas.

193. Rellene los puntos con la preposición _a_ en los casos en que sea necesario.

1. Conozca usted ...... el Caribe.
2. ¡Encarga ...... los primos que te lo traigan de Francia!
3. Prefiero la comedia ...... la tragedia.
4. ...... mí no me importan esos chismes.
5. Tuve que ayudarle ...... desmontar la rueda.
6. ¿...... qué sabe eso que están tomando?
7. ...... ustedes les han encomendado la vigilancia de este puesto.
8. Tenían ...... una chica de un pueblo de Toledo.
9. Busco ...... cocinero con experiencia.
10. No temo ...... la muerte, aunque sé que llegará algún día.
11. Necesitamos ...... mecánico electricista con urgencia.
12. ...... Eduardo le tira mucho la patria chica.

13. Contestó ...... la pregunta con otra pregunta.
14. Respondió ...... su interlocutor con frases groseras.
15. Era contrario ...... toda clase de medidas drásticas.

194. Complete las siguientes frases con las preposiciones *a* o *en*.

1. ...... invierno, ... las seis de la tarde, ya es de noche.
2. Esa chica se comporta un poco ...... lo loco.
3. Llevamos cinco años ...... este país.
4. ...... decir verdad, esto de las vitaminas no me convence.
5. Estamos ...... la lección 25; mañana quisiera pasar ...... la 26.
6. ...... lo mejor aprobamos, ¿quién sabe?
7. Los guardias se colocaron ...... ambos lados de la calle.
8. ...... los negocios hay que andar con mucha cautela.
9. ¡Acércate ...... la estufa!, la habitación está muy fría.
10. Me lo vendía ...... 100 dólares, pero no los tenía en aquel momento.
11. ...... la entrada del cine había una vendedora de pipas.
12. Supongo que vendrán ...... avión; eso es lo que dijeron ...... su carta.
13. Está aprendiendo ...... tocar la guitarra.
14. No sé cuándo, ni ...... qué parte lo he visto.
15. El kilo de naranjas está ...... 60 pesetas ......, mi barrio.
16. ¿...... qué piensas?
17. ¿Te gusta la merluza ...... la romana?
18. Entraron de uno ...... uno.
19. ¿...... cómo está hoy el kilo de langosta?
20. Está ...... un plan insoportable.
21. ...... ver si te haces bien el nudo de la corbata.
22. No tiene trabajo fijo, anda ...... lo que salga.
23. Habló de la situación ...... el Oriente Medio; ...... renglón seguido puso unas diapositivas.
24. Está empeñado ...... llevarnos la contraria siempre que abrimos la boca.

195. Forme frases con las siguientes expresiones.

1. A mano.
2. A voces.
3. A diestra(o) y siniestra(o).
4. A lo lejos.
5. A más tardar.
6. A propósito.
7. A ver.
8. Al fin y al cabo.
9. En serio.
10. En broma.
11. En secreto.
12. En particular.
13. En absoluto.
14. En memoria de.
15. En realidad.
16. En resumen.
17. En otras palabras.
18. En plan de.
19. Hoy en día.

196. Haga frases que expresen el significado de estos modismos y expresiones con el verbo *llevar*.

1. Llevar la contraria a alguien.
2. Llevar la cuenta de algo.
3. Dejarse llevar por alguien.
4. Llevarse bien (mal) con alguien.
5. Llevar años a alguien.
6. Llevar ventaja a alguien.
7. Llevar la casa.
8. Llevar (tiempo) en o fuera de un lugar, ciudad, país, etc.
9. Llevar las de ganar o perder.

197. Rellene los puntos con la palabra adecuada.

1. Le regalé una ...... de caramelos.
2. Se comió una ...... de bombones él solito.
3. El novio le envió un ...... de flores.
4. ¡Camarero, déme un ...... de vino!
5. Se compró un ...... de zapatos.
6. ¿Nos tomamos una ...... de calamares?
7. Se fuma un ...... de tabaco rubio al día.
8. El ordenador necesita nuevos ......
9. Tiré los restos de la comida al ...... de la basura.
10. Si quieres ahorrar, compra una ...... para el autobús.

Apuntes de clase

198. Coloque la preposición *de* o *desde* en las siguientes frases. Algunas admiten las dos.

1. ...... aquí se domina todo el valle.
2. Han llegado ...... Grecia hace sólo dos días.
3. Me lo envías ...... Barcelona por correo.
4. ...... esto se deduce que no sabe una palabra.
5. Ha vivido en Nueva York ...... que tenía seis años.
6. ...... mi casa a la tuya hay más de 5 kilómetros.
7. Lo conozco ...... toda la vida.
8. Las tiendas están cerradas ...... una y media a cuatro.
9. Los invitados empezaron a llegar ...... las ocho en adelante.
10. ¿Qué te ha ocurrido?, has cambiado mucho ...... la última vez que te vi.
11. La biblioteca está abierta ...... las siete hasta las diez de la noche.
12. Seguimos frecuentando su casa ...... el día en que nos conocimos.
13. Viene ...... familia de médicos.
14. El tren Talgo procedente ...... Andalucía hará su entrada a las 9.
15. Tiene un acento muy castizo; es ...... Madrid.
16. Procede ...... abuelos irlandeses.
17. Viene ...... (el) Japón haciendo escala en todos los puertos importantes.
18. ...... que estoy aquí no le he visto abrir la boca.
19. Estamos sentados en este banco ...... las cuatro.
20. ¿...... cuándo le conoce usted?

199. Forme frases con las siguientes locuciones adverbiales.

1. De un salto.
2. De balde.
3. De pronto.
4. De una vez.
5. De primera.
6. De un trago.
7. De golpe.
8. De perillas.
9. De cachondeo.
10. De relleno.
11. De ahora en adelante.
12. De antemano.
13. De raíz.
14. Desde ahora.
15. Desde siempre.
16. De toda la vida.

200. Coloque la preposición adecuada al contexto.

1. Este problema es *fácil* ...... solucionar.
2. Este tema es muy *difícil* ...... explicar.
3. Está *harto* ...... comer lo mismo todos los días.
4. Éramos *partidarios* ...... cortar por lo sano.
5. Este chisme también es *útil* ...... trinchar la carne.
6. Estamos *seguros* ...... verle mañana sin falta.
7. Estoy *decidido* ...... correr ese riesgo.
8. Están *dispuestos* ...... aceptar sus sugerencias.
9. Es un tipo bastante *duro* ...... pelar.
10. Ya estoy *listo* ...... salir.

201. Explique el sentido de los siguientes modismos y expresiones.

1. Echar en cara algo a alguien.
2. Traerse algo entre manos.
3. Ponerse hecho una fiera.
4. Ponerse morado (las botas).
5. Echar a cara o cruz.
6. Poner a alguien de patitas en la calle.
7. Pasarse de la raya.
8. Seguirle la corriente a alguien.

202. Haga frases que tengan sentido con estas palabras.

1. Fichero.
2. Papeleta.
3. Patada.
4. Pelotazo.
5. Trompazo.
6. Bofetada.
7. Balonazo.
8. Guantazo.
9. Punterazo.
10. Tomatazo.
11. Pedrada.
12. Trastazo.

Apuntes de clase

UNIDAD

36

203. **Complete estas frases con las preposiciones *con, a, en, de* y *durante*, según el contexto.**

1. Sueño ...... mi novia todas las noches.
2. Llegó ...... la oficina muy tarde.
3. Insisto ...... lo que te he dicho antes.
4. Este aparato consta ...... tres piezas.
5. El secreto consiste ...... anticiparse a nuestros competidores.
6. Siempre está murmurando ...... todo el mundo.
7. Se aprovechó ...... las circunstancias para medrar, es un trepa.
8. El borracho se apoyó ...... un farol.
9. Se dio ...... la bebida.
10. Se enfadó ...... su cuñada.
11. Piensa ...... lo que te dije.
12. No me acordaba ...... su dirección.
13. Se separó ...... su socio.
14. Hay que enfrentarse ...... la situación cuanto antes.
15. Al entrar la señora se puso ...... pie.
16. Se sentó ...... el sillón.
17. Los incitó ...... la rebelión.
18. No dejes ...... llamarme.
19. Nos metimos ...... un lío.
20. Sacó dinero ...... (el) banco.
21. Estuvo nevando ...... todo el día.
22. Vivieron juntos ...... más de cuatro años.

204. Complete las siguientes frases con las preposiciones *antes de, ante* o *delante de.*

1. ...... tales argumentos no tuvo más remedio que rendirse.
2. ...... esa casa hay un quiosco de periódicos.
3. ...... hablar con ese señor, hable primero conmigo.
4. Le resulta un poco violento fumar ...... su padre:
5. ...... nosotros se extendía un panorama desolador.
6. ...... ir al teatro, conviene que reserves las entradas.
7. ¡No se cuele, por favor! ¡Estoy ...... usted!
8. Hay que hacer esto, ... todo.

205. Complete las siguientes frases con las preposiciones *a, para, hacia, con, sin, contra.* Algunas admiten más de una solución.

1. Vente ...... casa a ver la televisión. Retransmiten un partido.
2. Han salido ...... Valencia hace dos días. No sé si habrán llegado.
3. ¿Y ...... esto hemos pasado tantos sacrificios?
4. ...... mi mujer estoy perdido, no puedo prescindir de ella.
5. ...... todo pronóstico, ha perdido el Madrid ...... el Gijón.
6. ...... tanto discutir se nos está olvidando lo más importante.
7. Estoy ...... usted; no tiene que darme más explicaciones.
8. Me ha pisado el pie. — Perdón, ha sido ...... querer.
9. Se pasa el día despotricando ...... todo bicho viviente.
10. No se apoye usted ...... esa valla, puede caerse.
11. Tiene la manía de llevar la contraria ...... todo el mundo.
12. ¿Está usted en ...... o a favor del movimiento ecologista?
13. Llegaron ...... las dos de la tarde, cuando ya habíamos comido.
14. Córrase un poco ...... la izquierda.
15. Me vi metido en el lío ...... comerlo ni beberlo.
16. Se quedó ...... mi dirección y teléfono.

206. **Forme frases con las siguientes locuciones adverbiales y preposicionales.**

1. De cabo a rabo.
2. A fines de.
3. A principios de.
4. Cómo de costumbre.
5. La mar de.
6. De lo lindo.
7. Al fin y al cabo.
8. A continuación.
9. De repuesto.
10. En pleno día.
11. A la larga.
12. En la actualidad.
13. Con razón.
14. En el fondo.
15. Desde mi punto de vista.
15. De milagro. ;

207. **Sustituya la forma del verbo *dejar* en cursiva por un sinónimo.**

1. Me *dejó* 1.000 pesetas.
2. Le *dejé* mi casa por un mes.
3. ¡*Dejen* paso, por favor!
4. He *dejado* los estudios por dificultades económicas.
5. No me han *dejado* abrir la boca.
6. *Dejó* el coche en el aparcamiento.
7. *Dejamos* la ciudad muy de mañana.
8. ¡*Dejen* los cubiertos como estaban!
9. Se metieron por un camino vecinal, *dejando* la carretera a la derecha.
10. ¡Qué lata! Me he *dejado* el paraguas en la oficina.

208. **Rellene los puntos con el verbo que expresa el grito característico de estos animales.**

1. El perro ......
2. El gato ......
3. El lobo ......
4. El caballo ......
5. La vaca ......
6. El asno ......
7. La oveja ......
8. El pájaro ......
9. El león ......
10. La gallina ......
11. El cerdo ......
12. El gallo ......

Apuntes de clase

segundo
ciclo

UNIDAD

37

209. Coloque una forma correcta del verbo *ser* o *estar* en las siguientes frases. Los adjetivos que van en cursiva pueden admitir uno u otro verbo, según los casos.

1. (Yo) . . . . . . *molesto* porque no me has escrito desde hace un año.
2. Tu manera de proceder no . . . . . . *decente.*
3. Hijo mío, ... muy *orgullosa* de ti.
4. Me gusta viajar con Antonio porque . . . . . . muy *seguro* al volante.
5. El clima del norte de España . . . . . . *húmedo.*
6. Hay que reconocer que la situación . . . . . . muy *violenta.*
7. . . . . . . *quieto;* me pones nervioso.
8. . . . . . . *innecesario* manifestarle a usted mis verdaderos sentimientos.
9. Cada día (yo) . . . . . . más *dudoso* de mi elección.
10. . . . . . . *cierto,* he metido la pata y lo lamento.
11. Esta fruta . . . . . . *riquísima.* Pruébala.
12. Juana . . . . . . *animada;* siempre está riéndose.
13. El salón . . . . . . *lleno* de invitados.
14. Antonio puede . . . . . . muy *molesto* cuando se lo propone.
15. (Tú) . . . . . . poco *decente* para ir a la iglesia.
16. Mi abuela . . . . . . *orgullosísima;* nunca admitía las razones de los demás.
17. ¿. . . . . . (tú) *seguro* de lo que dices?
18. Vamos a coger ese taxi que . . . . . . *libre.*
19. Esta camisa hay que secarla más; todavía . . . . . . *húmeda.*
20. Su defecto principal . . . . . . que es muy *violenta.*
21. . . . . . . *dudoso* que quisieran colaborar en el proyecto.
22. Esa familia . . . . . . *riquísima.* Tiene cantidad de dinero.
23. . . . . . . un poco *violenta,* porque no la hemos felicitado todavía.
24. A mi juicio, María . . . . . . demasiado *callada.*
25. Acabo de ver la nota y (yo) . . . . . . *suspensa.* ¡Qué mala pata!

210. Dé una forma correcta del verbo *ser* o *estar* en los siguientes ejemplos.

1. (Tú) ...... loco, ¡hombre!
2. No ...... cierto que les hayamos abandonado.
3. Ramiro ...... el que más vale de todos los hermanos.
4. El partido ...... de una emoción indescriptible.
5. La violenta reacción de los oyentes ...... totalmente inesperada.
6. (Yo) ...... seguro de que se lo dije. Pero no sé cuándo.
7. Estas revistas ...... pasadas de moda.
8. Este cuadro ...... hecho al aire libre, no ...... de estudio.
9. Deja al chico en paz; ...... entretenido con sus juguetes.
10. ...... admirable lo bien ilustrado que ...... este manuscrito.
11. Le ...... muy reconocido por los muchos favores que he recibido de usted.
12. ...... un pueblo sombrío y triste. Daba pena vivir allí.
13. Usted ...... libre de hacer lo que quiera, ... en su derecho.
14. Loli ...... preocupada con la enfermedad de su madre.
15. (Él) ...... demasiado tonto para ...... perplejo.
16. Ese televisor ...... anticuado. Los de hoy ...... mucho mejores.
17. Ya sé que (ellos) ...... enamorados. Solo hay que mirarlos.
18. José María ...... como un tren.
19. Eso, amiga mía, ... palabras mayores.

211. Coloque una forma correcta de los verbos *ser* o *estar* en las siguientes frases.

1. ¡Chica, (tú) ...... de un guapo que asusta!
2. No ...... recomendable tomar esas medidas.
3. ...... visto que los precios siguen subiendo.
4. Mi amigo y yo ...... de mal humor estos días.
5. Hoy ...... domingo; las tiendas ...... cerradas.
6. Últimamente ...... de uñas. No sé qué les ha pasado.
7. (Nosotros) ...... siete para la cena, contando a Mara.
8. Bueno, ¡ya ...... bien de trabajo!
9. Por ahí ...... por donde debieran comenzar, ¡señores!
10. ¿...... (tú) en lo que digo?
11. ...... en Buenos Aires donde se celebra el Congreso.
12. ¿...... (usted) con nosotros o en contra?
13. Esta falda me ...... muy grande.
14. ¡No ...... (tú) en lo que haces!; ¡pon atención!

15. ¡Para bromas ...... yo hoy!
16. (Él) se ...... quedando como un fideo de tanto ejercicio.
17. Tu niña ...... hecha una mujercita.
18. (Yo) no ...... de acuerdo con usted. ¿Vale?
19. Nunca me cayó bien: ...... un pelota y un cara.
20. ¡No ...... quejica! ¡No ...... para tanto!
21. Bañarse cuando hace calor ...... una gozada.
22. La juventud actual ...... muy pasota.
23. Pero ¡chica! ¿Cómo sales con ése? Si ...... un carroza.
24. ¿Será verdad que Trini ...... embarazada? — ¡Qué va! ...... un bulo.

212. **¿Cuáles de estos platos, postres y vinos españoles ha probado usted? Descríbalos.**

fabada asturiana
cocido madrileño
flan
merluza a la vasca
caldereta extremeña
morcilla de arroz
queso manchego
vino de Rioja
pulpo a la gallega
cordero asado
sopa castellana

paella valenciana
arroz con leche
butifarra catalana
caldo gallego
queso Cabrales
gazpacho andaluz
chorizo de Pamplona
cava catalán
cochinillo de Segovia
fino andaluz
leche frita.

Apuntes de clase

213. Ponga una forma correcta de los verbos *ser* o *estar* en las siguientes frases.

1. (Él) ...... avergonzado y por eso no dio la cara.
2. ...... sabido que ya no hay héroes ni santos, dijo un cínico.
3. A las seis de la mañana, ya (yo) ...... levantado todos los días.
4. (Él) ...... admirado hasta por sus enemigos.
5. (Ella) ...... destrozada moralmente porque todo le salía mal.
6. Aquella familia ...... muy querida en toda la comarca.
7. Ya ...... encendidas todas las luces de la casa otra vez.
8. El partido entre el Bilbao y el Sevilla ...... muy disputado.
9. En esta sala del hospital ...... recluidos los pacientes graves.
10. La carrera ciclista ...... suspendida por la lluvia y el mal tiempo.

214. Utilice los verbos *ser* o *estar* en las siguientes comparaciones, según lo exija el contexto.

1. Acabo de ducharme y ...... más fresca que una lechuga.
2. Como han dejado de enviarle dinero, (él) ...... más pobre que una rata.
3. Eso ...... más viejo que andar a pie.
4. Tu suegro ...... más loco que una cabra.
5. ¿Te acuerdas de Julio? Sí, ... más astuto que un zorro.
6. Él ...... más contento que un niño con zapatos nuevos.
7. Ese niño ...... más vivo que una ardilla.
8. Ha llegado su novio y (ella) ...... más alegre que unas castañuelas.
9. Esto ...... más claro que el agua.
10. Él ...... más feo que Picio.
11. ...... más lento que una tortuga, ¡muévete!

12. ˙Maruja ...... más terca que una mula.
13. Eso ...... más cursi que un elefante rosa.
14. No te oye, ... más sordo que una tapia.
15. Luisito ...... más gordo que una ballena.
16. Tu prima ...... más lista que el hambre.
17. Ese serial venezolano ...... más largo que un día sin pan.
18. ¡Nacho! ¿Qué te pasa? ...... más despistado que un pulpo en un garaje.
19. ¡Pobrecito! ...... más solo que la una.
20. Esto ...... más dulce que la miel.

215. Ponga una forma correcta del verbo *estar, ser* o *haber* en las siguientes frases.

1. ...... unas sesenta personas en la fiesta ayer, ... un éxito.
2. ...... un nuevo tipo de dentífrico en el mercado. Tiene un nombre raro.
3. ...... un tablero de ajedrez encima de la cama. ¿Quién ...... jugando?
4. Los jugadores suplentes ...... en la banda del campo durante el partido.
5. Ahí ...... un señor que pregunta por ti. Dice que ...... socio tuyo.
6. Ahí ...... los decoradores que llamamos ayer. ¿Los mando pasar?
7. Contando al conductor, ... 22 en el autocar. Un número perfecto.
8. En este texto ...... un término que no entiendo. ¿Me lo explicas?
9. En aquella escaramuza ...... varios lesionados y algunos heridos.
10. Él ...... el que tiene la culpa, usted no.

216. Explique el sentido de las siguientes frases con *ir*.

1. ¡Vayan terminando sus ejercicios!
2. ¡Vaya usted a saber lo que pasará en las próximas elecciones!
3. Las cosas no siempre salen bien. ¡Qué le vamos a hacer!
4. ¿Qué tal le va, amigo?
5. ¿Se solucionó su caso? — ¡Qué va!
6. ¡Vamos!, que hay prisa.
7. ¡Camarero! — ¡Va!
8. ¡Vete a paseo! (a freír espárragos).

217. Dé un equivalente a las siguientes palabras de uso popular en medios de difusión y habla corriente.

bocata	destape
progre (ser)	pasota (ser)
gozada (ser una)	triunfador
movida	vacilar
telenovela	balonmano
anorak	plumífero
plusmarca	autostop
ganador (ser)	machista
ligar	carroza (ser)
water	sobredosis
currar	perdedor

Apuntes de clase

UNIDAD
39

218. Sustituya los imperativos por fórmulas de ruego o mandato equivalentes.

MODELO: *Tráigame* la correspondencia. → *¿Me trae* la correspondencia, por favor?

1. *Ande* más aprisa.
2. ¡Camarero, *déme* una Coca-Cola!
3. ¡*Llámame* a las seis en punto!
4. ¡*Escuche* con atención lo que voy a decirle!
5. ¡*Abróchate* el cinturón, vamos a aterrizar!
6. *Pongan* más cuidado, ¡señores!
7. ¡*Colóquense* a la derecha!
8. ¡*Díganme* ustedes la verdad ahora mismo!
9. ¡*Pasa* al salón, Margarita!
10. *Límpiate* esa cara; la tienes sucísima.
11. *Piensen* en lo que les he dicho, y me dan la contestación mañana.
12. *Entregad* los billetes al cobrador para que los pique.

219. Sustituya las fórmulas de ruego o mandato por los imperativos equivalentes.

1. ¡A la calle!
2. ¡A la porra!
3. ¿Quiere usted pasarme la sal, por favor?
4. ¡Andando, que se hace tarde!
5. ¡Venga, a trabajar!
6. ¡Vamos!, hay que darse prisa.
7. ¿Me sirve usted un vaso de leche muy fría, por favor?

8. Me avisa usted cuando sea la hora.
9. ¡La cuenta, por favor!
10. ¡Usted se calla! Este asunto no le incumbe.
11. ¡Tú irás a casa de la abuela!
12. Vuestro hermano se quedará en casa.
13. ¿Tendría usted la bondad de decirme la hora que es?
14. ¡Niño, ya te estás lavando!
15. ¡Soldados, al ataque!
16. Ahora mismo te pasas por su casa y le das este recado de mi parte.

220. Conteste a las siguientes preguntas.

1. *¿Desde cuándo* salían juntos? →
2. *¿Hasta cuándo* van a abusar de nuestra paciencia? →
3. *¿Cada cuánto* llamaban por teléfono? →
4. *¿De cuántos* continentes se compone el mundo? →
5. *¿Como cuánto* gastaban al mes? →
6. *¿De cuántas maneras* se prepara el arroz? →
7. *¿Desde cuándo* os conocíais? →
8. *¿Hasta cuándo* va a durar ese rollo? →
9. *¿Cada cuánto* haces ejercicio? →
10. *¿Hasta dónde* llegaron caminando? →
11. *¿De qué* hablabais con tanto misterio? →
12. *¿Para cuándo* los esperas? →
13. *¿A cómo* (cuánto) lo vende usted? →
14. *¿De qué forma* viste? →

221. Haga preguntas que correspondan a las siguientes respuestas utilizando las partículas interrogativas adecuadas.

MODELO: Vamos a quedarnos aquí hasta el martes. → *¿Hasta cuándo* vais a quedaros aquí?

1. Me quedé allí todo el verano. →
2. Salían juntos desde hacía dos meses. →
3. Gastamos como cien mil pesetas al mes. →
4. Llegaron nadando hasta la otra orilla. →
5. Lo aguantaremos hasta que se nos acabe la paciencia. →
6. Hablaban de cosas muy interesantes. →

7. Íbamos a visitarles cada dos años. →
8. No fumamos desde hace diez años. →
9. Tiene ese coche desde que le conozco. →
10. Estarán de vuelta para junio del año que viene. →
11. El pescado se prepara de muchas maneras. →
12. Los acompañaron hasta la Facultad. →

222. Diga los verbos correspondientes a los siguientes sustantivos.

1.	Humo.	11.	Fruto.
2.	Atajo.	12.	Informe.
3.	Calor.	13.	Cuadro.
4.	Papel.	14.	Rueda.
5.	Sonido.	15.	Cristal.
6.	Sistema.	16.	Realidad.
7.	Sueño.	17.	Edificio.
8.	Corrección.	18.	Resumen.
9.	Teléfono.	19.	Acento.
10.	Raya.	20.	Línea.

223. Explique el sentido de las siguientes expresiones de origen religioso.

1. La verdad es la verdad, a mí nadie me hace comulgar con ruedas de molino.
2. No es momento de echar las campanas a vuelo.
3. Ayer Paco armó un cirio que no veas...
4. ¡A Dios rogando y con el mazo dando!
5. ¡Que Dios nos coja confesados!
6. Se apunta a todo. Le pone una vela a Dios y otra al Diablo.
7. Iba vestido como Dios manda.
8. Para conseguir el empleo tuvo que remover Roma con Santiago.
9. ¿A santo de qué sales ahora con ésas?
10. A mi juicio, peca un poco de ingenua.

Apuntes de clase

UNIDAD

40

224. **Cambie las siguientes oraciones al estilo indirecto utilizando el tiempo pasado que mejor vaya al contexto.**

MODELO: María Luisa *sabe* cuatro idiomas. → Dijo que María Luisa *sabía* cuatro idiomas.

1. ¿Dónde es la exposición de sellos?
   Preguntó que ......
2. Es un poco tarde.
   Reconoció que ......
3. Sales todas las noches a jugar al bingo.
   Sabía que ......
4. Fuma demasiado.
   Comentó que ......
5. Hay que hacer las cosas bien.
   Dijo que ......
6. Este reloj funciona con pilas.
   Explicó que ......
7. Hoy me quedo en casa.
   Decidí que ......
8. Tú trabajas en un hipermercado.
   Creyeron que ......
9. El verano va a ser muy seco.
   Oyó que ......

225. **Cambie las siguientes oraciones al pasado utilizando la forma del indefinido o imperfecto que mejor se adapte al contexto.**

1. Ahora tienes mucha prisa.
   Antes ......

2. En este momento viven en Alemania.
   En aquel momento ......
3. Hoy está lloviendo todo el día.
   Ayer ......
4. Esta noche comemos en Segovia.
   Aquella noche ......
5. La semana entrante me voy de vacaciones.
   La semana pasada ......
6. El año que viene le subirán el sueldo.
   El año pasado ......
7. A las ocho de la mañana, desayuno.
   A las ocho de la mañana, ... todos los días.
8. Este año ando viajando por América.
   El año pasado ......
9. Hoy están en Praga.
   Hace tres años ...... en Praga.
10. Acabo de tropezarme con Raquel.
    ......
11. Llevan arreglando el jardín más de seis horas.
    ....
12. Hasta ahora tengo revisadas cinco facturas.
    Hasta entonces ......

226. Utilice la forma correcta del indefinido o imperfecto del verbo *ser* que pida el contexto.

1. La casa en la que vivía ...... del siglo XVIII.
2. Los primeros pobladores de España, en época histórica, ... los iberos y los celtas.
3. Lo bueno de aquella pareja es que siempre ...... los mismos, no cambiaban nunca.
4. ...... a las doce de la noche cuando se presentó en casa.
5. ...... las cinco de la mañana cuando llegamos al aeropuerto de Orly.
6. Se asustaron porque ...... muy miedosos.
7. Había cambiado tanto que yo ni siquiera sabía si ...... él.

227. **Ponga los verbos entre paréntesis en la forma correcta del imperfecto o del indefinido, según exija el contexto.**

Mi abuela (tener) ...... el pelo blanco, que, a veces, le (caer) ...... sobre la frente y le (dar) ...... cierto aspecto de mujer rebelde a pesar de su edad. Ella (llevar) ...... casi siempre, cuando (estar) ...... en casa, una bata negra y unas zapatillas largas y puntiagudas, regalo, creo, de un hermano suyo que había tomado parte en la guerra de África.

(Ella soler) ...... arrastrar los pies por el pasillo de una forma que, a mí, por no sé qué extraña asociación de ideas, me (recordar) ...... el flujo y reflujo de la mar en una tarde apacible de principios de otoño.

Nunca (tener) ...... la pobre mujer grandes alegrías en la vida; ella (dar) ...... a luz catorce hijos, (sufrir) ...... hambre y penalidades y, cuando los hijos (hacerse) ...... mozos y (casarse) ...... y ella hubiera podido descansar un poco, se le (morir) ...... el marido, también en una tarde apacible del otoño cuando las olas, mansamente, (arrastrarse) ...... hacia la playa.

Jamás (ella perder) ......, a pesar de todo, la vitalidad y el optimismo que la (caracterizar) ......, y aún hoy la veo callada y animosa como lo que (ella ser) ......: una vieja roca gastada, pero todavía resistente, ante el mar que la (ver) ...... nacer, y que la vería morir.

228. **Explique en qué contexto se emplean las siguientes exclamaciones e interjecciones.**

¡Andá!	¡Olé!
¡Venga, venga!	¡Anda ya!
¡Puñetas!	¡Toma!
¡Chica!	¡Tío!
¡Ojo!	¡Uf!
¡Diablos!	¡Burro!
¡Caramba!	¡Hija!
¡So animal!	¡Qué suerte!
¡Qué burrada!	¡Qué rollo!
¡Basta!	¡Largo!

Apuntes de clase

UNIDAD 41

---

229. Ponga el verbo en cursiva en el tiempo del pasado que mejor vaya al contexto. (Algunos casos admiten dos posibilidades.)

1. Les agradecí el detalle porque (ellas) *ser* ...... muy atentas.
2. El periodista se enfadó porque le *dar* ...... una noticia falsa.
3. Me contó que la película *ser* ...... tan chabacana que se marcharon a la mitad.
4. Nos explicaron que el cuadro lo *pintar* ...... un niño de seis años.
5. Se decidieron a comprar el vídeo porque *ganar* ...... una apuesta en las carreras.
6. Sabemos que no *tener* ...... mucha suerte en sus respectivos matrimonios.
7. Cuando llegó, ya (nosotros) *comer* ......
8. Al dar las notas me di cuenta de que (yo) *cometer* ...... algunas injusticias.
9. Cuando los conocimos, ya (ellos) *estar* ...... en España.
10. Fui a comprar la chaqueta que me gustaba, pero ya (ellos) la *vender* ......
11. En el momento de presentármelo, me di cuenta de que (yo) lo *ver* ...... antes.
12. Al verla llorar, pensé que (ella) *discutir* ...... con su madre.
13. Cuando embarcamos para Cuba, ya *estallar* ...... la guerra.
14. Al empezar nosotros el primer plato, ya (ellos) *llegar* ...... a los postres.

---

230. Sustituya el tiempo verbal en cursiva por un equivalente cuando sea posible.

1. Pensé que le *avisarían* al momento.
2. Por suerte descubrimos que nuestro vecino se *mudaba* de casa.
3. Mi cuñada pensaba que Pilar *llegaría* tarde a la cita.

4. El abogado defensor creía que el juez *declaraba* al reo culpable.
5. Suponíamos que *terminarían* el trabajo a tiempo.
6. Adelantaron que se *casarían* por lo civil.
7. Nos dijeron que *revisaban* las cuentas al día siguiente.
8. Se decía que la Comunidad Europea *admitiría* a los países del Este en breve plazo.
9. Todas sospechábamos que Lola se *iba a meter* a monja.
10. Según la prensa, el petrolero averiado *iba a producir* una marea negra.

231. Tache las formas verbales entre paréntesis que considere incorrectas.

Todas las tardes se *(reunían - reunieron - habían reunido)* en el casino del pueblo el cura, el juez, el boticario y el administrador de Correos. *(Jugaban - jugaron - habían jugado)* una partida de dominó, lo cual era costumbre en ellos desde *(hacía - hizo - había hecho)* muchos años. La tarde a la que nos referimos, el cura *(llegaba - llegó - había llegado)* visiblemente alterado; todos los contertulios le *(habían preguntado - preguntaban - preguntaron)* qué pasaba. Y con voz y semblante graves, el párroco *(contaba - contó - había contado)* que en la iglesia *(robaron - robaban - habían robado)* una virgen románica del siglo XII. *(Decía - dijo - había dicho)* que ya *(había comunicado - comunicó - comunicaba)* el robo a la guardia civil, que *(prometió - prometía - había prometido)* tomar medidas pertinentes para apresar a los autores del hecho, ya que la talla *(fue - había sido - era)* muy valiosa y de gran veneración en toda la comarca.

232. Explique el sentido de las siguientes expresiones con el verbo *meter*.

1. ¡No hay que dejarle meter baza!
2. ¡Métase usted esto en la cabeza: la vida ha cambiado mucho!
3. Siempre está metiendo la pata.
4. Tenemos mucho tiempo. ¡No me metas prisa!
5. ¡No le metas miedo al niño, que no conduce a nada!
6. El padre tiene metida en un puño a toda la familia.
7. Hay que meterlo en cintura por su propio bien.

233. Diga cuáles son los adjetivos correspondientes a los siguientes sustantivos.

1. Otoño.
2. Norte.
3. Tierra.
4. Demonio.
5. Invierno.
6. Policía.
7. Valor.
8. Sátira.
9. Burla.
10. Simpatía.
11. Garantía.
12. Finura.
13. Elocuencia.
14. Persona.
15. Teoría.
16. Eficacia.

Apuntes de clase

UNIDAD

42

234. Transforme las siguientes oraciones yuxtapuestas y coordinadas en subordinadas sustantivas, adverbiales y de relativo, según el contexto.

MODELO: Tú me ayudas y yo lo agradezco → Agradezco *que me ayudes.*

1. El niño canta y a la mamá le ilusiona. →
2. Ellos se enfadaron y yo lo comprendí. →
3. A ella la echaron del empleo y sus compañeros se quejaron. →
4. Todo el mundo lo sabe: nadie es infalible. →
5. Se dieron cuenta en seguida: aquellas personas eran poco fiables. →
6. Yo lo veo: esa chica está chiflada. →
7. Ella es un genio; pero su familia no lo cree. →
8. Lo querían con toda el alma; pero (él) ni lo sospechaba. →
9. Nadie la felicitó y a ella le pareció bien. →
10. Juana llega a casa y en seguida se acuesta. →
11. Hicimos el examen, después nos dieron las notas. →
12. Antes el técnico arregló el televisor, (tú) no hiciste nada. →
13. Yo como y leo el periódico. →
14. Chus practica el alemán y aprende. →
15. Comemos mucho y engordamos. →
16. Nosotras ganamos dinero y ellos lo gastan. →
17. Escriben un libro, el libro trata de política. →
18. Alquilamos un piso, el piso era baratísimo. →
19. Pasaron las Navidades esquiando, esquiar es un deporte magnífico. →
20. Tú lo dices y ellos lo entenderán. →

235. Dé el tiempo adecuado del indicativo o subjuntivo que exija el contexto e identifique la oración y dé criterio de uso.

1. Dudo que *valer* ...... la pena molestarse por eso.
2. Se molestó de que nos *reír* ......

3. Tengo ganas de que tú *oír* ...... esta canción.
4. ¡Ah, si yo *tener* ...... esa suerte!
5. No me importa en absoluto que él *haber* ...... ganado varios premios.
6. Te he regalado el collar para que lo *lucir* ......
7. Si (tú) *traer* ...... unas botellas, lo pasaríamos en grande.
8. Lo que te deseo es que no *envejecer* ...... nunca.
9. Aunque (nosotros) no *saber* ...... dónde está, carece de importancia.
10. Lo que (yo) quiero es que (tú) *cocer* ...... más los garbanzos.
11. Devolvió el vaso para que lo *fregar* ...... otra vez.
12. Haremos una reunión para que (tú) *conocer* ...... a mis amistades.
13. ¡No *deshacer* ...... usted la maleta todavía!
14. Quiero que (tú) *producir* ...... buen efecto.
15. Me metería más de lleno en ese negocio si *producir* ...... más ganancias.
16. Si *llover* ...... más se estropearía la cosecha.
17. Me maravilla que a usted no *caberle* ...... esa falda. No está tan gruesa.
18. Le sacudí, no fuera que él *dormirse* ...... de nuevo.
19. Nos entregaron las cintas de modo que *destruirlas* ......
20. No crea usted que todo el monte *ser* ...... orégano.

236. **Transforme las siguientes oraciones cambiando el orden sintáctico cuando sea necesario.**

MODELO: Recibimos su carta antes *de que viniera* a verte. → Recibimos su carta antes *de venir* a verte.

1. Creo *que sé* la verdad. →
2. Me parece *que le veo* allá a lo lejos. →
3. Recordaba *que había estado* muy enamorada de él. →
4. La novia aseguró *que era* feliz. →
5. ¿Me permite usted *que utilice* su teléfono? →
6. Después de *que cogiera* el avión, vimos aquí su maleta. →
7. Siempre nos dejaba *que hiciéramos* lo que queríamos. →
8. En caso de *que* el pescado *no esté* fresco, compra carne. →
9. La avería del coche les impidió *que llegaran* a tiempo. →
10. Con tal de *que* la calidad *sea* buena, no te importe el precio. →
11. Le ordenaron al portero *que limpiara* el portal mejor. →
12. Les alquilo la casa, a condición de *que paguen* por adelantado. →
13. Hizo *que subieran* los baúles hasta el tercer piso. →
14. En las calles céntricas, el Ayuntamiento prohíbe *que aparquen* los coches en batería. →

237.· Haga una frase que tenga sentido con cada una de estas palabras de gran difusión.

informatizar	chequear
forofo (ser)	charter
consumismo	despiste
sexismo	acoso sexual
tecnocracia	subdesarrollo
multinacional	destape
elepé	pasta (tener)

Apuntes de clase

UNIDAD

43

238. Haga frases que tengan sentido con las siguientes locuciones conjuntivas.

1. Mientras (condicional) ....
2. Mientras (temporal) ....
3. A medida que ....
4. De ahí que ....
5. Siempre que (condicional) ....
6. Así que (consecutivo) ....
7. Por + adjetivo + que ....
8. De modo que (final) ....
9. Así (concesivo) ....
10. Como (condicional) ....
11. De modo que (consecutivo) ....
12. Siempre que (temporal) ....
13. Como (causal) ....
14. Menos que ....
15. Total que ....
16. A no ser que ....
17. Si no ....
18. No sea que ....

239. Identifique en el texto que sigue las oraciones subordinadas y dé razón de uso.

—¡Señor Yáñez, por aquel agujero de allí abajo veo brillar una luz!
—Ya la he visto, Sambligliong.
—¿Será algún velero que esté anclado en la rada?

—No; más bien creo que se trata de una fragata. Probablemente, la que ha conducido hasta aquí a Tremal-Naik y a Damna.

—¿Acaso vigilarán la entrada de la rada?

—Es muy posible, amigo mío —respondió tranquilamente el portugués, tirando el cigarrillo que estaba fumando.

—¿Podremos pasar sin ser vistos?

—¿Crees que van a temer un ataque por nuestra parte? Redjang está demasiado lejos de Labuán, y lo más probable es que en Sarawak no sepan todavía que nos hemos reunido. A no ser que ya tengan noticia de nuestra declaración de guerra. Además, ¿no vamos vestidos como los cipayos del Indostán? ¿Y no van vestidas ahora lo mismo que nosotros las tropas del Rajá?

—Sin embargo, señor Yáñez, preferiría que ese navío no estuviera aquí.

—Querido Sambigliong, no dudes que a bordo estarán todos durmiendo. Les sorprenderemos.

—¡Cómo! ¿Vamos a asaltar a esos marineros? —preguntó Sambigliong.

—¡Naturalmente! No quiero que queden a nuestras espaldas enemigos que luego podrían molestarnos en nuestra retirada.

Emilio Salgari, *Los tigres de Mompracén.*

240. **Complete las siguientes frases con una preposición y un infinitivo.**

1. Me contenté ......
2. Se decidió ......
3. Ni siquiera se dignó ......
4. Se han empeñado ......
5. Yo me encargo ......
6. No te entretengas ......
7. No estoy ......
8. Hemos ......
9. Nos indujo ......
10. Murió ......
11. Creo que se ofrecerá ......
12. Persiste ......

241. **Diga cuál es el nombre colectivo que corresponde a los siguientes conceptos.**

1. Conjunto de perros de caza. →
2. Conjunto de pájaros en vuelo. →

3. Conjunto de abejas. →
4. Conjunto de islas. →
5. Conjunto de músicos. →
6. Los 11 hombres que integran una formación de fútbol. →
7. Conjunto de ovejas. →
8. Conjunto de animales salvajes. →
9. Conjunto de barcos. →
10. Conjunto de voces que cantan. →
11. Conjunto de viñas. →
12. Conjunto de personas dedicadas al culto religioso. →
13. Conjunto de cerdos. →
14. Conjunto de los soldados de una nación. →
15. Conjunto de individuos que integran una nación. →
16. Conjunto de pinos. →
17. Grupo organizado de ladrones. →

Apuntes de clase

UNIDAD
44

242. Ponga el verbo entre paréntesis en la forma correcta de subjuntivo o de indicativo que exija el contexto.

1. Lo hago porque *gustarme* ......, no porque me obliguen.
2. No lo hago porque *gustarme* ......, sino porque me obligan.
3. No está tan preparado que (él) *poder* ...... sacar esa plaza.
4. Están tan contentos que (ellos) *dar* ...... saltos de alegría.
5. No es tan atractivo que todas las mujeres *estar* ...... locas por él.
6. Pedro no comió, porque *llegar* ...... tarde.
7. Pedro no comió porque *llegar* ...... tarde, sino porque no tenía hambre.
8. No lo digo por cumplir, sino porque (yo) *sentirlo* ......
9. ¡No le busques las cosquillas, que te (él) *pegar* ......!
10. ¡Corre, corre, que se te *escapar* ...... el autobús!
11. ¡Cuidado, que no se te *calar* ...... el coche!
12. ¡Acelera más, que se te *calar* ...... el coche!
13. ¡Abre el paraguas, que *llover* ......!
14. ¡Te digo que no (yo) *volver* ...... a su casa aunque me lo pida de rodillas!
15. Vigila que (ellos) no *robar* ...... las maletas.

243. Complete las frases siguientes, según el modelo.

MODELO: No le deje pasar, *venga* quien *venga*.

1. Tendrá que hacerlo, *querer* ...... o no ......
2. *Ser* ...... cuando ......, acabará por darnos la razón.
3. Tú siempre estarás guapa, *vestirse* ...... como ......
4. Tiene tanto sentido comercial que, (él) *hacer* ...... lo que ......, todo le produce dinero.
5. (Él) *ir* ...... donde ......, no escaparía de la justicia.
6. Le aconsejé que no contestara a ninguna llamada, *ser* ...... quien ......

200

7. 'Estoy decidido a tomarme unas vacaciones, *pasar* ...... lo que ......

8. Lo (usted) *creer* ...... o no lo ......, la verdad es que sucedió así.

9. No le importe tirar la ceniza, *caer* ...... donde ......

10. Hubo toreros que *torear* ...... como ......, siempre entusiasmaban al público.

11. Voy a tirar de la manta, *caer* ...... quien ......

12. Nos ordenaron que nos calláramos la boca. *Ver* ...... lo que ......

244. **Explique el sentido de las siguientes expresiones con el verbo *poner*.**

1. ¡No te pongas nervioso, hombre!
2. Me puse negra de oírle hablar así.
3. Le puso por las nubes.
4. Creo que te han puesto verde.
5. Se puso hecho una fiera.
6. Los pusieron a parir.
7. ¡Como le ponga los ojos encima!
8. ¡Póngase usted en mi lugar, señorita!

245. **Diga el nombre de los que ejercen las siguientes actividades.**

1.	Medicina.	12.	Enseñanza.
2.	Farmacia.	13.	Ingeniería.
3.	Ciencias.	14.	Matemáticas.
4.	Notaría.	15.	Física.
5.	Filología.	16.	Lingüística.
6.	Historia.	17.	Literatura.
7.	Investigación.	18.	Psiquiatría.
8.	Arquitectura.	19.	Escultura.
9.	Pintura.	20.	Poesía.
10.	Economía.	21.	Política.
11.	Magisterio.	22.	Química.

Apuntes de clase

UNIDAD 45

246. Sustituya la estructura en cursiva por otra de igual sentido con la partícula *si*.

1. *De haberlo sabido* (yo) ...... habría/hubiera acudido antes.
2. *Con que saques* ...... las entradas pasado mañana, será/es suficiente.
3. *Cuando prometa usted* ...... algo, cúmplalo.
4. *Trabajando* ...... mejor el personal actual, no se necesitaría/necesitaba más empleados.
5. *Cuando te decidas* (tú) ......, estaré/estoy a tu disposición.
6. *De haber favorecido* ...... el tiempo, los árboles estarían/estaban más altos.
7. *Con una tarta que les regales* ......, cumples.
8. *Hipotecando* (tú) ...... la finca, no saldrías/sales del apuro.
9. *Yo, en su* (de usted) ...... lugar, no me esforzaría/esforzaba tanto.
10. *Yo, en su caso* (de ellos) ......, compraría/compraba más terreno.
11. *Como no respete* (él) ...... el contrato, lo llevaremos/llevamos a los tribunales.
12. *De no haber* ...... intervenido el tonto de su hermano, seguiríamos/seguíamos tan amigos.
13. *Como pasen* (ellos) ...... por aquí, les voy a cantar las cuarenta.
14. *Nosotros, en su situación* (de usted) ......, habríamos/hubiéramos llegado hasta el final.
15. *Cuando pases* ...... por Oviedo, me llamas.
16. *Con quejarte* ......, adelantarás/adelantas poco.
17. *De haberla conocido* antes, me habría/hubiera casado con ella.
18. *Cuando no sepa* usted qué decir, cállese.

247. Sustituya la estructura en cursiva por otra de igual sentido.

1. *Si hubiera llegado* antes, lo habrías visto.
2. *Si no puede usted mantener* la boca cerrada, márchese.

3. *Si yo hubiera estado* en su situación, habría llamado a la policía.
4. *Si se limitara a responder* escuetamente a lo que le preguntan, no metería la pata.
5. El médico le dijo que *si probaba* una gota más de alcohol, se moría.
6. El dueño le avisó que *si no pagaba* el recibo, le cortarían el gas.
7. *Si llegas* tarde otra vez, no te dejo salir en todo el mes.
8. *Si hubiera sabido* el parte meteorológico con anterioridad, no hubiera salido de viaje.
9. *Al pagar* se dio cuenta de que no llevaba dinero.
10. *Al no recibirnos,* sospechamos que tenía algo que ocultar.
11. *Con hacer* «footing» cuatro kilómetros diarios, no adelgazas.
12. *De seguir* así, ganamos la Liga.
13. Vi la fruta *cayendo* del árbol.
14. Recibimos un telegrama *comunicándonos* su próxima boda.
15. Me acordé de Carmela *dando* un paseo por el Retiro.
16. *Habiendo* terminado su labor, se marcharon a la taberna. Son unos pillos.
17. *Aun tratándose de* usted, no puedo permitirle el paso.
18. *Viendo* en qué situación se encontraban, los alojamos con nosotros.
19. *Leída* la correspondencia, iniciamos su contestación.
20. *Agotadas* por el trabajo, tomaron un respiro.

248. Diga los adjetivos correspondientes a los siguientes sustantivos.

1. Equilibrio.	11. Razón.	21. Exageración.
2. Músculo.	12. Ambición.	22. Energía.
3. Pelo.	13. Hombre.	23. Literatura.
4. Bondad.	14. Gracia.	24. Luz.
5. Dolor.	15. Simpatía.	25. Siervo.
6. Pasión.	16. Nervio.	26. Envidia.
7. Fuerza.	17. Cerebro.	27. Mujer.
8. Satisfacción.	18. Ocio.	28. Estupidez.
9. Historia.	19. Universidad.	29. Desesperación.
10. Gigante.	20. Atención.	30. Fiebre.

Apuntes de clase

UNIDAD

46

249. Haga frases que completen el significado de las siguientes.

1. Si dejaras el tabaco, ...
2. Si ...... me haría un viaje por Europa.
3. Cuando regreses, ...
4. Cuando ......, te enviaré un telegrama.
5. Aunque no me guste, ...
6. Con tal de que ......, me daré por satisfecho.
7. Por más que ......, no veo a nadie.
8. A poco que te esfuerces, ...
9. De haberlo sabido, ...
10. No conozco a nadie que ...... esa novela.
11. Me hubiera parecido correcto que ......
12. No estaría mal que ......
13. (Irme) ...... si no llegáis a tiempo.
14. Me habría gustado que ......
15. Le recomendé que ......
16. Si ves a Pedro, ...
17. ...... lo antes que puedas.
18. Cuando estuvieron allí, sólo ...... desconocidos.
19. Tal vez lo comprenda cuando ......
20. Me alegraré de que ......
21. Como no lo tomasteis en serio, ...
22. Llamaré a un médico por si ......

250. Haga frases que completen el significado.

1. Ya habían entrado antes de que ......
2. Cuando ......, ya habíamos terminado.

3. ·He sabido que .....
4. Me han dicho que ..... de casa.
5. Cuando (nosotros) ....., habrán preparado todo.
6. Despúes de que hayáis reflexionado atentamente, ...
7. ¡Dígale que ..... en cuanto se presente aquí!
8. Si se nos hubiera ocurrido .....
9. Si ....., hubiéramos ido a recibirla.
10. Si ....., no habríamos tenido inconveniente.
11. ¿No le he insistido varias veces que .....?
12. ¿Ha sido usted el que .....?
13. Le habían aconsejado que .....
14. Haré lo que .....

251. Complete el sentido de estas frases.

1. Mientras trabajaba en aquella compañía .....
2. Se enfadó tanto que .....
3. Le han pedido que .....
4. ..... que pintaseis la habitación de blanco.
5. Estaban aquí hace un momento, y eso que .....
6. He viajado todo lo que .....
7. Vi la obra de teatro, no fuera que .....
8. Ya ..... que se ha pasado el domingo cazando.
9. Cuando era niño .....
10. Lo vas a estropear, si no .....
11. Decidirá venir nada más que .....
12. Me baño en la playa los días que .....
13. No tenía ni idea de que .....
14. Para cuando haya terminado la carrera .....
15. Se lo perdoné todo, menos que .....
16. La profesora recogía los exámenes a medida que .....

252. ¿A qué país, ciudad o región pertenecen los siguientes gentilicios?

salmantino   salvadoreño
paraguayo   tibetano
sudafricano   neocelandés
granadino   jordano
burgalés   checo
ovetense   galés
manchego   guineano
navarro   aragonés

253. Explique claramente la diferencia de significado entre las siguientes palabras.

1. Cerco ≠ cerca.
2. Ramo ≠ rama.
3. Rayo ≠ raya.
4. Gamo ≠ gama.
5. Palo ≠ pala.
6. Cuadro ≠ cuadra.
7. Cuento ≠ cuenta.
8. Calvo ≠ calva.
9. Caño ≠ caña.
10. Cuenco ≠ cuenca.

Apuntes de clase

UNIDAD

47

254. Transforme las siguientes oraciones utilizando la partícula *se*.

1. Los planos han sido estudiados cuidadosamente. →
2. La novela había sido escrita en sólo tres meses. →
3. La manifestación fue disuelta en un abrir y cerrar de ojos. →
4. El programa ha sido explicado apresuradamente. →
5. Este local ha sido clausurado por el jaleo de anoche. →
6. Los periódicos fueron leídos aquel año con mucho interés. →
7. Nos ha sido impuesta una medida absurda. →
8. El problema de la relatividad ha sido expuesto de muchas maneras distintas. →
9. Don Antonio es considerado como hombre de bien en toda la provincia. →
10. Este edificio fue construido en sólo cinco meses. ¡Así salió! →
11. El ratero será encarcelado por sus pillerías. →
12. Estas naranjas habrían sido vendidas si hubiesen tenido mejor aspecto. →
13. Fue multado por aparcar en doble fila. →
14. El ministro será recibido en el aeropuerto. →

255. Transforme las siguientes oraciones transitivas en impersonales con *se*.

1. La gente comentaba que volvería a subir el petróleo. →
2. La gente lee «El País» en toda España. →
3. Recordaban que había estado ausente durante tiempo. →
4. Vieron que Elisa no era lo que parecía. →
5. Comemos la carne con tenedor y cuchillo. →
6. Aquí ganamos menos, pero tenemos más tiempo libre. →
7. En los países latinos la gente bebe más vino que en los germánicos. →

8. Compramos chatarra de todas las clases. →
9. Hablamos francés, inglés y alemán. →
10. Alquilamos piso amueblado. →
11. Aquí trabajamos, nos divertimos, y cada uno hace lo que quiere. →
12. La gente rumorea que va a dimitir el presidente del Gobierno. →
13. Uno agradece las buenas intenciones, ¡chico! →

256. Cambie las siguientes oraciones activas a pasivas con *se* cambiando el verbo en cursiva.

1. A todos nos *dijeron* que tuviéramos mucho cuidado.
2. Le *vieron* en Roma acompañado por una persona de mala reputación.
3. Le *ayudamos* todo lo que *pudimos*.
4. Les *compraron* un piso a cada uno y no quedaron satisfechos.
5. A mí me *respetan* porque tengo poder en círculos financieros.
6. A ellas las *quieren* más que a vosotras porque son aduladoras.
7. A ti te *admiran* por ser muy popular y tener gancho.
8. A él no le *tenemos* en cuenta, porque no se da a valer.
9. A él lo *desprecian* porque es un aprovechado.
10. A Javi y Toni los *recordaremos* toda la vida.
11. Te *esperaremos* hasta las cinco y cuarto. Ni un minuto más.
12. Nos *dieron* alojamiento, comida y grata compañía. ¿Qué más *podemos* pedir?

257. Cambie las siguientes oraciones activas en medias con *se* siguiendo el modelo.

MODELO: En verano las sombrillas protegen del sol a los bañistas. → En verano los bañistas *se* protegen del sol con las sombrillas.

1. Dicen que aquí curan la gripe con coñac y leche. →
2. El tabaco acaba con los pulmones. →
3. El ruido aturde al público. →
4. El sol y el aire secarán la ropa húmeda. →
5. Este chisme arregla todas las averías. →
6. El amor soluciona muchos problemas. →
7. Calmamos el hambre con un buen filete y patatas fritas. →
8. La fuerza de voluntad consigue lo imposible. →

9. Las cuerdas vocales producen los sonidos. →
10. El estómago y el intestino hacen la digestión. →
11. Oimos con los oídos y hablamos con las cuerdas vocales. →
12. Sentimos con el corazón y pensamos con la cabeza. →
13. Recibimos las buenas noticias con alegría. →
14. Plancharon la ropa con un chisme extraño. → .

258. Ponga los verbos en cursiva en un tiempo y modo adecuados.

Recientemente *descubrirse* unas tablas románicas en la capilla de un monasterio palentino. Dicho monasterio *fundarse* por monjes que *establecerse* en la región a mediados del siglo XI. Algunos eruditos *llegar* a la conclusión de que las pinturas *ser* hechas por los mismos monjes. También *decirse* que *ser* realizadas por maestros extranjeros que *venir* a España con las peregrinaciones jacobeas. *Ser* una lástima, de todas maneras, que no *aclararse* con certeza el origen de estas valiosas reliquias artísticas. Por otro lado, la prensa *poner* de relieve, con fotos y artículos bien documentados, no sólo el mérito de dichas obras, sino también la necesidad de que *restaurarse* y *trasladarse* a algún museo importante donde *quedar* debidamente custodiadas. Posteriormente, *ser* expuestas al público.

259. Haga frases con los siguientes verbos, estableciendo claramente la diferencia de significado. →

1. Sonar ≠ sonarse.
2. Mojar ≠ mojarse.
3. Gastar ≠ gastarse.
4. Despedir ≠ despedirse.
5. Volver ≠ volverse.
6. Declarar ≠ declararse.
7. Borrar ≠ borrarse.
8. Empeñar ≠ empeñarse.
9. Creer ≠ creerse.
10. Tratar ≠ tratarse de.
11. Comprometer ≠ comprometerse.
12. Valer ≠ valerse.

260. Explique el sentido de las siguientes expresiones.

1. ¡No te metas donde no hagas pie; es peligroso!
2. Me miró de reojo y de mala manera.
3. Mi madre tiene mucha mano en esa empresa.
4. Ese caballerito es un cara. Créame usted.
5. ¡A ver si me toca el gordo este año! ¡A ver!

Apuntes de clase

UNIDAD

48

261. **Ponga los verbos en cursiva en gerundio o participio o déjelos en infinitivo, según convenga.**

1. Se hinchó a *decir* ...... barbaridades y a soltar tacos.
2. Lleva *curar* ...... a más de treinta enfermos del corazón.
3. Me imagino que acabará de *levantarse* ...... ahora, es un vago.
4. Acabó *emigrar* ...... a los Estados Unidos por los años cuarenta.
5. Llevo *veranear* ...... en Alicante cinco años y me cambio al Norte.
6. Se lo tengo *decir* ...... muchas veces: hay que nadar y guardar la ropa.
7. Acabará por *quitarse* ...... la vida. Tiene una depresión crónica.
8. Sigue *nevar* ......; esto no va a *acabar* ...... nunca. Me voy al Caribe.
9. Echó a *correr* ...... en cuanto me vio, me tiene más miedo que vergüenza.
10. Fueron *salir* ...... poco a poco. No hubo incidentes.
11. En cuanto deje de *fumar* ......, engordará, ya lo verás.
12. Se ha *volver* ...... a *casar* ...... recientemente y por cuarta vez.
13. Cuando ya tenía *vender* ...... la parcela, le salió un comprador mejor.
14. Sigue *retirar* ...... de la vida social. Está aburrido de la «gente guapa».
15. Los tiene *fascinar* ...... con sus aventuras por tierras exóticas.
16. Últimamente la Prensa viene *criticar* ...... mucho al Gobierno como es lógico.
17. Tenemos *entender* ...... que de ahora en adelante se cuidará más nuestro entorno. ¿Es así?
18. Incluso llegué a *decirle* ...... algunos tacos. Se lo merecía.
19. He de *consultarlo* ...... con la almohada antes de decidirme. ¡No me atosigues!
20. Acabamos de *señalar* ...... los pros y los contras de la aventura.
21. Anda *contar* ...... a todo el mundo cosas que debiera callarse.
22. Pasamos a *ver* ...... el documental que trata de la democratización del este de Europa.

23. Le tengo *decir* ...... que no moleste a los clientes. ¡Caballero!
24. No alcancé a *comprender* ...... el sentido de su pregunta.
25. Sigue *buscar* ...... empleo, pero no encuentra ninguno que le vaya bien.
26. Vengo *insistir* ...... en este asunto desde hace ya mucho tiempo y nadie me hace caso.

262. Dé sentido a las siguientes frases transformando los infinitivos necesarios.

1. No vivo muy bien, pero *ir tirar* por ahora.
2. (Ellos) *tener* que *esperar* más de media hora todos los días por el tren de cercanías.
3. (Él) *dar* por *terminar* la discusión de una forma tajante.
4. (Ella) *echarse* a *reír* sin que viniera a cuento.
5. El alquiler de este piso *venir* a *costar* unas 70.000 pesetas. ¡Vaya chollo!
6. (Él) ya *tener ver* cinco coches cuando por fin se decidió por el primero.
7. (Yo) *llevar escribir* 20 folios de la novela y no se me ocurría una idea más. Estaba obcecado.
8. Juan *seguir ser* un impertinente; no ha cambiado nada.
9. *Haber* que *decidir* en este instante lo que (nosotros) *deber hacer.*

263. Sustituya las estructuras verbales subrayadas por una de las perífrasis verbales siguientes: *tener*+participio, *llevar sin, haber de, acabar de*+infinitivo, *salir*+gerundio, *andar*+participio, *quedar*+participio, *meterse a, llegar a*+infinito, *dar por, acabar por, haber que*+infinitivo, *ir*+gerundio, *venir*+gerundio, *seguir sin, quedar en, seguir*+gerundio, *andar*+gerundio, *llevar*+gerundio, *traer*+participio.

1. *Hace seis años que no probamos* licores.
2. Hemos intentado localizarlos en los sitios más inverosímiles, pero *hasta ahora no han dado señales de vida.*
3. *Si hubiera sabido* que aparecerías en el Telediario, hubiera puesto el televisor.
4. Causó una impresión deplorable, porque se *puso a hablar* de lo que no sabía.
5. ¿Le pasaría algo? *Hacía una hora que no abría la boca.*
6. En este mundo, además de ganar o perder, *tenemos que* saber hacerlo.

7. Los médicos no *conseguían diagnosticar* la enfermedad del pequeño, y la madre estaba como loca.
8. No desespere usted: *tiene que llegar* el día en que todo se solucione.
9. Si queremos ahorrar dinero *será necesario trabajar* mucho.
10. Últimamente, Juan sólo *piensa en jugar* al tenis.
11. *Nos pusimos de acuerdo en guardar* el secreto.
12. La situación política en Alemania *mejora día a día.*
13. Problemas de estas características *aparecen desde hace algún tiempo* en los países desarrollados.
14. *¿Aún estudiáis* en la Facultad? Creí que ya habíais terminado.
15. Es un guasón, siempre *está burlándose* de todo el mundo.
16. Cuando menos lo esperábamos, *dijo de buenas a primeras* que estaba harto de estar allí.
17. Eres muy terco, pero yo sé que *al final me darás la razón.*
18. *Hacía más de una hora* que estábamos sentados en la sala de espera cuando, por fin, llegó el tren.
19. Menos mal que *ya he preparado* las lecciones para mañana.
20. Las últimas declaraciones del jefe del Gobierno *preocupan mucho* a la opinión pública.
21. Todo esto *será corroborado palabra por palabra* cuando venga el doctor Bermúdez, jefe de nuestro laboratorio central.
22. La juventud actual *va vestida a veces* de una manera extravagante.
23. ¿Cuánto *tiempo hace que me espera?* — *Estoy esperándole* desde hace media hora.

264. Haga frases con los siguientes pares de palabras, mostrando claramente su diferencia de uso y significado.

1. Yema ≠ clara.
2. Concurso ≠ competición.
3. Guión ≠ esquema.
4. Sesión ≠ función.
5. Bulto ≠ paquete.
6. Tema ≠ tópico.
7. Archivo ≠ fichero.
8. Trayecto ≠ viaje.
9. Marrón ≠ pardo.
10. Castaño ≠ moreno.

Apuntes de clase

UNIDAD

49

265. Use uno de los verbos de cambio: *hacerse, volverse, quedarse, ponerse, llegar a ser, convertirse en, meterse a...* que considere más adecuado a las siguientes frases. Algunas admiten más de una solución.

1. Cuando le echaron el piropo, Sarita ...... colorada.
2. ¡Qué cosa más rara! Elena era una chica inteligente, pero ...... tonta.
3. Les devolvimos el dinero y (ellas) ...... satisfechas.
4. De joven tenía la nacionalidad inglesa, de mayor ...... americana.
5. (Él) ...... rico con las quinielas. ¡Vaya suerte!
6. La electricidad ...... en la primera fuente de energía junto con el carbón a principios de siglo.
7. Si no te pones un anorak ...... helada.
8. Con este viaje a Londres, (él) ...... muy inglés. ¡Hasta bebe té!
9. Richard Nixon ...... presidente después de muchos fracasos y luego lo destituyeron.
10. (Él) ...... pálido cuando le pidieron la documentación. Es un miedica.
11. Maribel está desconocida; ...... una mujer este verano.
12. Me parece que (tú) ...... muy caprichoso y exigente, ¡eh!
13. (Nosotros) ...... muy descontentos del trato que nos dispensaron en aquel parador de turismo.
14. Ese chico empezó de aprendiz, pero en sólo ocho meses ...... el mejor oficial del taller. Lo que es mérito.
15. De niña quiso ...... a monja, pero no la dejaron.
16. Se arruinó y ...... más pobre que una rata.
17. Antes de dedicarte a esas aventuras, debes pensar en ...... un hombre de provecho y pensar en el día de mañana.
18. ¡No (tú) ...... ahí quieto, muévete! Parece que estás «clavao».
19. (Ella) ...... muy quisquillosa desde que la dejó el novio. ¡Ya se le pasará!

20. Estoy seguro que este chico ...... alguien en la vida de los negocios.
21. ¿Adónde vas? (Tú) ...... muy elegante. Seguro que tienes algo entre manos.
22. Con las heladas, las alcachofas ...... un artículo de lujo este año.
23. Desde que tiene dinero, (él) ...... un esclavo de las conveniencias sociales. Es un trepador.
24. En materia de enseñanza, (él) ...... muy anticuado y conservador.
25. ¡No (usted) ...... así! ¡No es para tanto! ¡Amiga mía!
26. El conde Drácula ...... un vampiro enorme y asqueroso.
27. Los japoneses ...... en los dueños de medio mundo.

266. Haga lo mismo que en el ejercicio anterior.

1. Antes era muy realista, pero ahora ...... un quijote.
2. (Ella) ...... muda de la impresión recibida.
3. (Él) ...... ingeniero, y ahora trabaja en una empresa de construcción multinacional.
4. Después de salir de la cárcel, (él) ...... en una persona honrada contra todo pronóstico.
5. ¡No ...... usted nerviosa, señorita! Todos estamos aquí para ayudarla a pasar el mal trago.
6. Le dimos un sedante y ...... dormido al momento.
7. Si algún día (tú) ...... famoso, acuérdate de tus años difíciles del comienzo.
8. Con las malas compañías que frecuentan, ... unos sinvergüenzas de cuidado.
9. Su cuñada ...... en una novelista muy conocida en ambientes literarios.
10. Se quitaron la chaqueta y ...... en mangas de camisa pese a que era enero.
11. Les tocó la «Bono Loto» y ...... multimillonarios. ¡Qué envidia les tengo!
12. ¡Qué pena! Anduvo tonteando con cocaína y (ella) ...... enganchada. ¡Pobrecita!
13. Me acosté y ...... frita porque estaba hecha polvo.
14. Elisa guardó cama durante un par de días y ...... buena.
15. Como no tenía ni oficio ni beneficio, ... a albañil.

267. Sustituya las expresiones en cursiva por equivalentes, efectuando los cambios sintácticos necesarios.

1. El tren llegará *a eso de* las diez de la noche.
2. *Al salir,* no te olvides de dejar la llave al portero.
3. Habría *unos* 50.000 espectadores en el partido.
4. Sabes lo que te digo: *en cuanto* se me acabe el gas tiro el mechero.
5. *Hablando* inglés le notábamos un acento extraño.
6. *De haberlo sabido* antes, hubiera consultado a un especialista.
7. *Con escribirle* dos líneas, cumples.
8. *Cuando termines* de leer la Guía del ocio, pásamela.
9. Antes de *que te sientes,* quítate la chaqueta.
10. Estás así de gordo *por comer* demasiado.
11. *Necesito mantener* la calma y no ponerme nervioso.
12. *Nos permitió llegar* más tarde de lo corriente.
13. El coronel ordenó *atacar* a sus tropas.
14. Le aconsejaría a usted *seguirle* la corriente.
15. ¡A buenas horas *iba yo a aguantarle!*
16. *Una vez que hubo comido* se echó la siesta.
17. *Deberías* ser más comedido en tus palabras.
18. *Quisiera* que todo el mundo fuese feliz.
19. Si acertase la quiniela del domingo, os *daría* un banquetazo.
20. El director mandó a los alumnos *bajar* la voz.
21. *De haberlo sabido* antes, hubiéramos vendido las acciones.
22. *De no cuidarte* un poco más, vas a enfermar.
23. *Yo que* Pili, lo mandaba a freír espárragos.
24. *De no casarme* con ella, me suicido.

268. Rellene los puntos con la palabra adecuada.

1. Una . . . . . . de pan.
2. Una . . . . . . de jabón.
3. Un . . . . . . de aspirinas.
4. Una . . . . . . de melón.
5. Un . . . . . . de naranja.
6. Una . . . . . . de chocolate.
7. Una . . . . . . de jamón.
8. Una . . . . . . de merluza.
9. Una . . . . . . de cerveza.
10. Una . . . . . . de licor.
11. Un . . . . . . de uvas.
12. Una . . . . . . de ajos.
13. Una . . . . . . de conservas.
14. Un . . . . . . de azúcar.

Apuntes de clase

UNIDAD 50

269. Varíe la posición del pronombre o pronombres en cursiva cuando sea posible.

1. *Me lo* tienes que enviar lo antes posible.
2. Si *te* duele esa muela, debes sacár*tela.*
3. *Se lo* iba leyendo muy despacio y con gran atención.
4. Tenemos que ver*nos* mañana a las siete y media de la tarde.
5. Estaban escribiéndo*les* la carta cuando llegamos.
6. Tuvieron que dar*le* dos puntos en la herida.
7. No tengo que repetir*le* que se trata de un asunto muy importante.
8. *Le* habrán dicho que se calle, por eso tiene esa cara.
9. *Nos* lo dijo sin rodeos, fue directamente al grano.
10. *Nos* habían invitado a comer fuera, pero no aceptamos.
11. Cómpre*selo* sin pensar*lo* más, es un chollo.
12. No se *les* dio permiso para salir porque no se lo merecían.
13. Dígame de qué se trata e intentaré ayudar*le.*

270. Rellene los puntos con el pronombre o pronombres personales que exija el contexto.

1. Ayer por la tarde se ...... estropeó el teléfono (a nosotros).
2. A Juanita siempre se ...... escapa la risa en los momentos más in-oportunos.
3. Pasé un mal rato porque se ...... durmió un brazo.
4. Como hacía viento, se ...... cayó un tiesto a la calle (a ellos).
5. Se ...... cae la baba cuando te hablan de Mara Belén.
6. Se ...... ha perdido el bolígrafo (a mí).
7. Se ...... quemó la comida (a ella).
8. Le ofendieron y se ...... subió la sangre a la cabeza (a usted).

9. Se ...... pinchó una rueda de la moto (al cartero).
10. Le pisé un callo y .... escapó un taco.
11. Ella no apagó la vela; ...... apagó.
12. Tú no tiraste los papeles; .... cayeron.
13. Yo no quería decir eso; .... escapó.
14. El policía no apretó el gatillo; .... disparó la pistola sola.
15. No hubo primer plato porque a mi madre .... quemaron las judías.
16. Tuvo que entrar por la terraza porque .... perdió la llave de la puerta.
17. No, doña Luisa, yo no rompí el vaso. ...... rompió.

271. Rellene los puntos con dos pronombres personales que exija el contexto.

1. Cuando oigo estas cosas .... ponen los pelos de punta.
2. A tu hija siempre .... han atragantado las matemáticas.
3. Al ver la langosta (a mí) .... hizo la boca agua.
4. A la abuela .... llenan los ojos de lágrimas cuando le hablan de su juventud.
5. Salga usted a tomar un poco el aire, a ver si .... despeja la cabeza.
6. Del susto que recibió .... cortó la voz.
7. No comprendo cómo una idea tan estúpida (a él) .... ha metido entre ceja y ceja.
8. Cuando se enteró de que habían suspendido a su hijo, ... cayó el alma a los pies.
9. ¿Por qué (a ti) .... antojan siempre estas chucherías?
10. No puede soportar las injusticias; .... sube la sangre a la cabeza.
11. Estaban tan débiles, que .... doblaban las piernas.
12. Dice que perdió el control de sus nervios y .... nubló la vista.

272. Rellene los puntos con un verbo adecuado.

1. (Él) ...... una enfermedad incurable.
2. La feliz pareja ...... sus bodas de plata en la intimidad.
3. Se dedica a ...... conferencias.
4. Hay que ...... ese problema cuanto antes.

5. El profesor ...... a un alumno a la pizarra.
6. El diputado ...... la palabra y no se la concedieron.
7. Grandes rebajas, ¡...... la oportunidad!
8. Ellos ...... mala suerte en ese negocio.
9. Si no paga usted el recibo, la compañía le ...... la luz.
10. Le han metido en la cárcel por haber ...... un fraude.
11. Los guardias están ...... multas a los automóviles mal aparcados.
12. El ladrón ...... un banco.
13. He ...... un piso por 70.000 pesetas al mes. ¡Qué chollo!
14. El avión ...... en el aeropuerto de Barajas a la hora prevista.
15. El barco ...... en el muelle de poniente.
16. Hay que ...... el brillo a los zapatos.

273. **¿A qué país, ciudad o región pertenecen los siguientes gentilicios?**

1. Levantino.
2. Hindú.
3. Sirio.
4. Cordobés.
5. Santanderino.
6. Leonés.
7. Extremeño.
8. Dominicano.
9. Mongol.
10. Siberiano.
11. Coreano.
12. Sueco.
13. Normando.
14. Etíope.

Apuntes de clase

UNIDAD

51

274. Explique la diferencia que existe entre los siguientes pares de frases.

1. Hemos comprado un yate.
   Nos hemos comprado un yate.
2. Pedro vino solo a Madrid.
   Pedro *se* vino solo a Madrid.
3. Como un filete en cada comida.
   Me como un filete en cada comida.
4. Ese señor fuma dos puros diarios.
   Ese señor *se* fuma dos puros diarios.
5. Esperó una hora por él.
   Se esperó una hora por él.
6. El domingo bebiste una botella de vino.
   El domingo *te* bebiste una botella de vino.

275. Transforme las frases siguientes, según el modelo.

MODELO: Ya sabíamos *que había estado aquí.* → Que había estado aquí ya
lo sabíamos.

1. No puedo comprender que haya sido capaz de hacer eso. →
2. Ni siquiera sospecha que estoy enamorada de ella. →
3. Me imaginaba que no tenía vergüenza. →
4. Me habían dicho que habla ruso perfectamente. →
5. Ignorábamos que padecía asma. →
6. Vieron desde el principio que la solución no era ésa. →
7. Lamentamos mucho que haya perdido el avión. →
8. Deseaban con toda el alma que fueran felices. →

276. Coloque la partícula *se* donde sea posible o necesario y explique su uso.

1. ...... me ocurrió una idea extraordinaria, pero no pude llevarla a cabo.
2. Como no lo cuides, ... te va a caer el pelo.
3. ¡Ya está!, ... ha estropeado otra vez el chisme éste.
4. El torero ...... dio varias vueltas al ruedo.
5. (Ella) ...... dio una vuelta por el centro.
6. La hermana mayor ...... llevaba bien con su padre.
7. Espero que ...... lo diga usted antes de que sea demasiado tarde.
8. ¿...... ha recibido usted el recibo del gas?
9. ...... me ha caído otra vez el despertador y ...... ha hecho añicos.
10. Creo que no ...... ha meditado usted lo suficiente.
11. A ese individuo ...... le ve el plumero.
12. ...... comunicaron por carta todas sus vicisitudes.
13. ...... descansó un buen rato durante la hora de la siesta.
14. Sospecho que (él) ...... trae algo entre manos.
15. ¿Cuánto tiempo (él) ...... pasó en la cárcel?
16. (Ella) ...... lloró desconsoladamente toda la tarde.
17. (A ellos) ...... les animó a que concursaran al premio.
18. ¡No ...... le olvide! Los portales ...... cierran a las once.
19. Los países del este de Europa ...... están democratizando a marchas forzadas.
20. En ese taller ...... ponen medias suelas a los zapatos en menos que canta un gallo.
21. La gripe ...... cura con reposo y buenos alimentos.
22. Esta vieja campana ...... rompió hace algún tiempo, pero ya ...... ha reparado, gracias a Dios.
23. ¿Qué le sucedió? ¿...... volvió loca?
24. Cuando ...... canta bien, ... nota al momento.
25. Mientras ...... jugaban al balón, no ...... enteraban de nada.
26. Estos cuadros ...... pintaron en Amberes en el siglo XVII.
27. (A él) ...... le cruzaron los cables y me arreó un puñetazo.
28. Cuando hace mucho calor ...... suda una barbaridad.
29. En Córdoba ...... celebró hace unos días un congreso de cardiología.
30. El conjunto «Dire Straits» ...... iba a dar un concierto en Venecia, pero ...... canceló a última hora.

277. Utilice estos verbos en frases mostrando claramente la diferencia de uso y significado.

1. Dormir ≠ dormirse.
2. Ir ≠ irse.
3. Marchar ≠ marcharse.
4. Callar ≠ callarse.
5. Encargar ≠ encargarse (de).
6. Apuntar ≠ apuntarse.
7. conformar ≠ conformarse (con).

8. Saber ≠ saberse.
9. Decidir ≠ decidirse (a).
10. Encontrar ≠ encontrarse.
11. Estirar ≠ estirarse.
12. Ganar ≠ ganarse (a).
13. Detener ≠ detenerse (a).
14. Parecer ≠ parecerse (a).

278. Explique la diferencia entre estas palabras.

1. Marco ≠ marca.
2. Bazo ≠ baza.
3. Anillo ≠ anilla.
4. Rodillo ≠ rodilla.
5. Tramo ≠ trama
6. Copo ≠ copa.

7. Bolso ≠ bolsa.
8. Cepo ≠ cepa.
9. Gorro ≠ gorra.
10. Bolo ≠ bola.
11. Chino ≠ china.
12. Velo ≠ vela.

Apuntes de clase

UNIDAD 52

279. Sustituya los pronombres o adverbios relativos en cursiva por otros relativos cuando sea posible.

1. Los empleados, *que* han rendido bastante este mes, recibirán un sobresueldo.
2. La corbata *que* has comprado es muy chillona.
3. El detalle en *que* te has fijado me parece interesante.
4. El vecino de *quien* tanto me he ocupado me ha decepcionado.
5. A *quien* madruga, Dios le ayuda.
6. El año *en que* nos conocimos fue maravilloso.
7. No es esto *a lo que* me refiero. Tú lo sabes bien.
8. La novela *cuyas* páginas voy redactando no acaba de satisfacerme.
9. No has hecho nada en todo el verano, *lo cual* me desagrada profundamente.
10. No es ése el político *de quien* te hablé ayer.
11. El niño *cuyos* padres han muerto se llama huérfano.
12. Ha venido un señor *que* quería hablar contigo.
13. Hay que tirar los restos de la comida *que* están podridos a la basura.
14. Esa anécdota me trae a la memoria una película de *cuyo* título no me acuerdo.
15. Mis primos, *a los cuales* no les agradaba vivir en el campo, persuadieron a sus padres para comprar un piso en la capital.
16. Me he entrevistado con *la persona que* está a cargo de las finanzas.
17. *La que* se esfuerza, llegará lejos.
18. Es ella *la que* no lleva razón a juzgar *por la manera en que* habla.
19. Toda la vida hizo *todo lo que* le vino en gana.
20. Procedieron *del modo que* consideraron más apropiado a las circunstancias.
21. No es éste el político *de quien* te hablé ayer.
22. Dijo que se casarían *al momento que* encontraran piso en *el que* vivir.
23. En la aldea *donde* me crié la vida era muy tranquila y bucólica.

280. Explique la diferencia de significado entre estos pares de frases.

1. Los clientes, que estaban satisfechos, felicitaron al dueño del establecimiento.
   Los clientes que estaban satisfechos, felicitaron al dueño del establecimiento.
2. Las casas que estaban mal construidas, se derrumbaron por la acción del agua.
   Las casas, que estaban mal construidas, se derrumbaron por la acción del agua.
3. A los jugadores, que habían jugado mal, no les abonaron las primas.
   A los jugadores que habían jugado mal, no les abonaron las primas.

281. Sustituya el adverbio relativo *donde* por otro relativo equivalente.

1. El barrio *donde* vivimos está muy apartado del centro.
2. El pueblo *donde* nací está escondido entre montañas.
3. El hotel *donde* se hospedaba era muy ruidoso y poco recomendable.
4. El lugar por *donde* pasábamos era bastante inhóspito.
5. La localidad *adonde* le destinaron se mantiene todavía en secreto.
6. El lugar desde *donde* te escribo es un refugio de montaña.
7. El punto *adonde* me dirijo te lo comunicaré posteriormente.
8. La playa *donde* paso los veranos se está poniendo de moda.

282. Complete estas oraciones con los relativos adecuados al contexto.

1. Fue con esas palabras ...... terminó el discurso.
2. Era de Pedro ...... no quería hablar.
3. Ésa es la razón ...... quiero verte.
4. Fue en abril ...... nos vimos por última vez.
5. Es a la orilla de los ríos ...... se dan los chopos.
6. Fue por una tontería ...... riñeron.
7. Es desde aquí ...... se divisa mejor panorama.
8. Así es ...... se separaron nuestros destinos.
9. Era sin dinero ...... no podía pasar.
10. ¿Es para esto ...... me has mandado llamar?

283. Utilice en frases las siguientes comparaciones (clichés lingüísticos).

1. Vivir como un cura.
2. Trabajar como un burro.

3. Ver como un lince.
4. Durar menos que una bolsa de caramelos a la salida de un colegio.
5. Gustar más que a un tonto un «boli».
6. Vender algo como churros.
7. Llevarse como el perro y el gato.
8. Bailar como una peonza.
9. Nadar como un pez.
10. Correr como un galgo.
11. Crecer como hongos.

284. **Use las siguientes palabras derivadas en frases, de manera que se vea claramente su significado.**

1.	Cañonazo.	7.	Botellazo.
2.	Matón.	8.	Palillo.
3.	Empollón.	9.	Folletín.
4.	Puñetazo.	10.	Mesón.
5.	Cochinillo.	11.	Patilla.
6.	Comidilla.	12.	Colilla.

Apuntes de clase

UNIDAD
53

285. Lea las siguientes frases.

1. Toledo, domingo, 21 de diciembre de 1966.
2. Visitas todos los días, incluso festivos, de 9 a 1,30 y de 5,30 a 7,15.
3. Dirección de la empresa: Princesa, 80. Teléfono 436 41 89.
4. El billón español es 1.000.000.000.000.
5. Información económica en páginas 20 y 21. La Bolsa de Tokio ha bajado 2/5.
6. Este local cuesta 750.000 pesetas de traspaso más gastos.
7. El censo de la población se realizará del 5 al 31 de abril en horas laborables.
8. Temperaturas de ayer en Soria: máxima: +8 a las 18. Mínima: +0,4 a las 4.
9. Hoy es martes y 13, la suerte llama a su puerta. ¡Aproveche esta ocasión! Son 525.000.000 el gordo de Navidad. ¡Juegue en Alcalá, 18 (estanco)!
10. Para llamar a la policía hay que marcar el 091. Para información de la hora, el 093, y para avisos de averías, el 002.
11. 2/3 del sueldo se me van en casa y comida y el otro 1/3 apenas me llega para cubrir las demás necesidades.
12. Menos de 1/4 de la población española vive en el campo.
13. Carlos I de España y V de Alemania fue el último César de Occidente.
14. Juan XXIII fue un Papa popular.
15. Luis XIV fue llamado el «Rey Sol».
16. Nos acercamos a pasos agigantados al siglo XXI.
17. Escorial (Peralejo). 60 chalets pareados, con parcela individual, piscina común, *paddle* tenis, tres y cuatro dormitorios. Precio, 12.900.000 ó 13.900.000. Hipoteca al 13 por 100 durante 12 años. Entrada, 2.500.000. Teléfono 890 70 51.

286. Lea los siguientes números romanos.

M, C, D, X, V, I, IV, L, MDCCIII, CM, XC, XIII, MCMLXXIX, MCMXC.

287. Lea estas operaciones aritméticas.

$25 + 7 + 6 = 38$; $35 - 7 = 28$; $6 \times 7 = 42$; $8 \times 8 = 64$; $10 : 2 = 5$; $50 : 10 = 5$.

288. Complete las siguientes frases con una preposición y un infinitivo.

1. Se enorgullece ....
2. No te vanaglories ....
3. No vuelvas ....
4. Acostumbra ....
5. Accedí ....
6. He aprendido ....
7. Hay que arriesgarse ....
8. Se apresuró ....
9. Aspiro ....
10. Basta ....
11. No cesa ....
12. No te comprometas ....
13. No confío ....
14. Todo consiste ....

289. Explique claramente la diferencia de significado entre las siguientes palabras.

1. Especias ≠ especies.
2. Puerta ≠ portal.
3. Navaja ≠ cuchillo.
4. Arroyo ≠ torrente.
5. Montaña ≠ sierra.
6. Cielo ≠ firmamento.
7. Máquina ≠ motor.
8. Herramienta ≠ instrumento.
9. Chisme ≠ trasto.
10. Tierra ≠ suelo.
11. Verja ≠ cerca.
12. Piso ≠ planta.
13. Cacharro ≠ recipiente.
14. Publicidad ≠ propaganda.

Apuntes de clase

UNIDAD

54

290. Complete el sentido de las frases siguientes con uno de estos indefinidos: *alguien, algo, nadie, nada, quienquiera, cualquiera, uno,
ninguno, mucho.*

1. Tiene un carácter muy abierto; hace amistad con ......
2. ¿Hay ...... en el servicio?
3. Ha dicho ...... que no entiendo.
4. La fiesta me resultó aburrida porque no conocía a ......
5. El trabajo está bien, pero a ...... le gusta divertirse de vez en cuando.
6. Es un ignorante; no sabe absolutamente ...... de ......
7. ...... de estos trajes me satisface.
8. No conozco ...... hombre con más personalidad que él.
9. Este incendio se ha producido por ...... cortocircuito.
10. La nueva barriada tenía ...... mercado y dos supermercados.
11. No basta con saber ......, hay que demostrarlo.
12. ...... que haya hecho esto, demuestra muy mala idea.
13. Esa dirección se la puede dar ...... policía.
14. Lo hizo sin escrúpulo ......
15. ...... de nosotros comprendió la conferencia.

291. Complete las siguientes frases con uno de estos indefinidos, numerales, etc.: *todo, mucho, cierto, ambos, tal, semejante, medio.*

1. Al hombre ...... español le gusta el copeo.
2. No los conocemos a ......, sólo a unos cuantos.
3. ...... son partidarios de una reforma radical, pero no todos.
4. A pesar de todo lo que digas, no deja de ser un ...... hombre.
5. Sois ...... para cual; en otras palabras, sois idénticos.

6. Este tío es una maravilla; lo sabe ......
7. He oído ...... rumores de que te vas a casar.
8. De ...... palo ...... astilla, dice el refrán.
9. No me atrevo a dirigirle la palabra a ...... animal.
10. ...... gobiernos están de acuerdo en su política exterior; los dos persiguen los mismos fines.
11. Tú explicas el problema a tu modo, pero ...... razones no son muy convincentes.
12. Nos dieron noticias ...... de su paradero.
13. En ...... ocasión, hace ya ...... años, hicimos un viaje por el norte de Europa.
14. Nos lo contó ...... señor cuyo nombre me reservo.

292. Determine el género de las siguientes palabras colocando el artículo determinado apropiado.

1. Homicida.	13. Melocotón.	25. Guadarrama.
2. Hipótesis.	14. Sena.	26. Oeste.
3. Dilema.	15. Adriático.	27. Dama.
4. Centinela.	16. Planeta.	28. Labor.
5. Andes.	17. Flor.	29. Reunión.
6. Miércoles.	18. Serie.	30. Moto.
7. Cisma.	19. Barco.	31. Faro.
8. Calor.	20. Caos.	32. Temblor.
9. Nave.	21. Haya.	33. Esquema.
10. Propina.	22. Estudiante.	34. Lema.
11. Suicida.	23. Azores.	35. Resultado.
12. Relación.	24. Everest.	36. Continente.

293. Forme el plural de las siguientes palabras compuestas.

1. Cualquiera.	8. Pararrayos.
2. Telaraña.	9. Hispanoamericano.
3. Bocacalle.	10. Paraguas.
4. Rompeolas.	11. Paniaguado.
5. Mediodía.	12. Contraalmirante.
6. Sacacorchos.	13. Rompecabezas.
7. Saltamontes.	14. Abrelatas.

294. Ponga los siguientes conjuntos nominales en plural.

1. Casa cuna.
2. Autoservicio.
3. Coche cama.
4. Buque escuela.
5. Hombre rana.
6. Autoescuela.

7. Perro policía.
8. Guardacoches.
9. Aguafiestas.
10. Extrarradio.
11. Medio ambiente.
12. Guardaespaldas.

295. ¿Cuáles de estas legumbres, verduras y hortalizas se consumen en su país?

lentejas	repollo	pepino	espinacas
garbanzos	nabos	escarola	ajo
judías	berenjenas	acelgas	cebolla
habas	zanahoria	perejil	apio

Apuntes de clase

UNIDAD 55

296. Rellene los puntos con el artículo determinado apropiado.

1. ...... típico es tomarse un tinto en el Madrid viejo.
2. ...... más sensato es no perder ...... calma en ...... momentos .de peligro.
3. ...... difícil, a veces, es dar la razón a los que no están de acuerdo con nosotros.
4. ...... azul del cielo andaluz es incomparable.
5. Todo ...... salado va bien con el vino seco.
6. ...... comer no desagrada a nadie; lo que desagrada es ...... engordar.
7. No sabía ...... simpático que era hasta que lo traté.
8. ...... claro de su dicción es lo que más gusta a la gente.
9. ...... divertido del caso es que presume mucho y no sabe nada.
10. Le molesta hacer ...... ridículo.
11. Fue una fiesta por todo ...... alto.
12. ...... que escriba versos no quiere decir que sea un buen poeta.
13. ...... triste de Pedro es ...... vacío de su carácter.
14. ...... curioso del caso es que ya lo sabía.
15. ...... importante fue que jugó bien.
16. ¡...... bien que lo estoy pasando hoy!

297. Coloque el artículo, determinado o indeterminado, donde sea necesario.

1. En ...... hockey sobre patines España ha sido muchas veces campeón del mundo.
2. Llevó ...... traje negro durante ...... año al morir su madre.
3. Cuando escaseaba ...... azúcar, usábamos sacarina.

4. ...... avión se ha impuesto como medio de transporte para ...... largas distancias.
5. Dicen que cada hijo al nacer trae ...... pan debajo de ...... brazo.
6. ¡Cómete ...... judías y no hagas más remilgos!
7. ¡Camarero, tráigame ...... cuenta!
8. No me gusta ...... sabor de ...... ajo.
9. ...... tortilla a ...... española es uno de ...... platos más sabrosos y baratos.
10. ...... Reina Madre hizo ...... valiosa donación para ...... Hospital de ...... Beneficencia.
11. ¡Espera ...... momento; me falta ...... paraguas!
12. ...... profesor Suárez de Leza no puede venir hoy a ...... clase.
13. En ...... circunstancias así uno no sabe qué hacer, amiga mía.
14. Era o ...... médica o ...... abogada. Ahora no recuerdo su profesión.
15. ...... lema que sigo es: vive y deja vivir.

298. Complete las siguientes frases con la preposición adecuada y un infinitivo.

1. Se paró ....
2. No te pongas ....
3. Se abstuvo ....
4. Nos conformamos ....
5. Contribuye ....
6. Estaba dispuesto ....
7. Me desafiaron ....
8. No te esfuerces ....
9. Se expusieron ....
10. Le incité ....
11. Nos han invitado ....
12. Se jactaba ....
13. No se ha limitado ....

299. ¿Cuáles de estos árboles existen en su país?

olmo	chopo	roble
castaño	abedul	encina
acacia	abeto	plátano
cerezo	manzano	naranjo

Apuntes de clase

UNIDAD 56

300. **Coloque los adjetivos siguientes en la posición adecuada y en su forma correcta.**

Dichoso:

1. No puedo soportar más a este ..... individuo ......
2. La ..... gente ..... no suele saber que lo es.

Menudo:

3. ¡..... sinvergüenza ..... estás hecho!
4. Muchos grandes hombres tienen ..... cuerpo ......

Santo:

5. Me estuvo dando la lata todo el ..... día ......
6. El ..... Jueves ..... cae este año a últimos de marzo.

Bendito:

7. Todas las iglesias católicas tienen a la entrada una pila de agua ......
8. ¡En ..... hora ..... habré dicho yo eso!

Valiente:

9. Tuvo un ..... gesto ..... al enfrentarse con ese problema.
10. ¡..... soldado ..... eres tú!

Bonito:

11. ¡..... plantón ..... nos han dado!
12. Esa chica tenía una ..... cara ......

301. **Explique la diferencia de matiz que las palabras en cursiva confieren a las siguientes frases.**

1. Por el prado corría un arroyo.
   Por el prado corría un *arroyuelo*.
2. La mesa tiene tres cajones.
   La mesa tiene tres *cajoncitos*.
3. El pastor cuidaba las ovejas.
   El *pastorcillo* cuidaba las ovejas.
4. Había un perro a la entrada del jardín.
   Había un *perrazo* a la entrada del jardín.
5. Era una mujer rebosante de salud.
   Era una *mujerona* rebosante de salud.
6. ¡Vaya libro que te estás tragando!
   ¡Vaya *libraco* que te estás tragando!
7. Sobre el cerro se distinguía un pueblo.
   Sobre el cerro se distinguía un *poblacho*.
8. Es un muchacho jovial.
   Es un *muchachote* jovial.
9. Es fea pero simpática.
   Es *feúcha* pero *simpaticona*.
10. ¡Qué chaqueta llevas!
    ¡Qué *chaquetilla* llevas!
11. ¿Me trae usted unas patatas?
    ¿Me trae usted unas *patatitas?*
12. Me voy a tomar un café.
    Me voy a tomar un *cafetito*.
13. ¡Buen vino bebes!
    ¡Buen *vinillo* bebes!
14. Es un autor que ha escrito un par de cosas.
    Es un *autorcillo* que ha escrito un par de cosas.
15. Se metió por unas calles apartadas.
    Se metió por unas *callejuelas* apartadas.
16. Vivía en una casa de las afueras.
    Vivía en una *casucha* de las afueras.
17. Estás pálido. ¿Qué te pasa?
    Estás *paliducho*. ¿Qué te pasa?
18. Entra despacio, no despiertes al niño.
    Entra *despacito*, no despiertes al niño.

302. Coloque los adjetivos entre paréntesis en los puntos marcados antes o después de cada sustantivo.

Las (actuales) ...... investigaciones ...... en la tecnología de los ordenadores siguen también otros rumbos. Por ejemplo, los que utilizan líquidos o gases en lugar de (eléctricas) ...... corrientes ...... Una (importante) ...... ventaja ...... sobre los (convencionales) ...... ordenadores ...... estriba en que ofrecen (mayor) ...... seguridad ...... que éstos en (adversas) ...... circunstancias ......; por ejemplo, si están sometidos a (grandes) ...... variaciones ...... de temperatura, como ocurre en los (espaciales) ...... vehículos ......

303. Explique la diferencia de significado entre las siguientes palabras.

1. Plan ≠ plano.
2. Temporada ≠ estación.
3. Vulgar ≠ grosero.
4. Simple ≠ sencillo.

5. Liso ≠ rizado.
6. Ralo ≠ tupido.
7. Claro ≠ espeso.
8. Suave ≠ áspero.

304. Diga los verbos correspondientes a los siguientes sustantivos.

1. Mordisco.
2. Deliberación.
3. Repercusión.
4. Persuasión.
5. Intromisión.
6. Inciso.
7. Razón.

8. Discusión.
9. Predominio.
10. Choque.
11. Tierra.
12. Cadena.
13. Tono.
14. Acento.

Apuntes de clase

UNIDAD
57

305. Complete el sentido añadiendo las partículas necesarias.

1. He comprado muchos menos libros ...... necesito.
2. Lo que me ofrecen es más del doble ...... gano ahora.
3. Su padre dejó al morir mucho más dinero ...... sospechábamos.
4. Le dispensan menos atención ...... merece.
5. Asistieron a la reunión muchos más ...... se esperaban.
6. Este traje te durará más ...... compraste las Navidades pasadas.
7. El estudio requería más dedicación ...... creíamos.
8. Hablaba inglés mucho peor ...... nos había dicho.
9. Gasta más dinero en un mes ...... (yo) gano en un año.
10. Esa chica es más guapa ...... me presentaste el otro día.
11. Recibió menos felicitaciones ...... se merecía.
12. Trabaja más horas ...... puede.
13. Los alumnos de este año son más inteligentes ...... tuvimos el año pasado.
14. Ahora tiene menos esperanzas ...... tenía cuando era joven.
15. Compra más libros ...... puede leer.
16. Tenía más talento ...... se exigía para ingresar en la diplomacia.
17. ...... más habla, más se lía.
18. ¡Es curioso!, pero ...... menos dinero tengo, más me divierto.
19. Él es muy generoso ...... con sus amigos como con sus enemigos.
20. Cuanto ...... termines, mejor.
21. ...... más se lo digo, menos me escucha.
22. Tanto los estudiantes ...... los profesores desean resolver el problema de la Universidad.
23. ...... más lo pienses, menos lo comprenderás.
24. ...... la aristocracia como el pueblo se unieron contra el invasor.

248

306. **Rellene los puntos con la partícula que exija el contexto.**

1. No entiendo ...... jota de historia.
2. No patina ...... bien como dice.
3. Entiende ...... de arte como yo.
4. Mi mujer conduce mejor ...... yo.
5. Gasta tanto dinero en vicios ...... apenas le llega para terminar el mes.
6. Sé un poco más optimista; hay gente que disfruta ...... que tú de la vida.
7. No sólo se dedica al cine, ... también al teatro.
8. Es inútil que le hables; ...... siente ...... padece.
9. ¡Ni tanto .... calvo!
10. A la corrida asistieron casi ...... extranjeros como nativos.

307. **Explique la diferencia de significado que existe entre los siguientes pares de frases (más de ≠ más que).**

1. No gana más de 5.000 pesetas.
   No gana más que 5.000 pesetas.
2. No hay más existencias de las que pueden ustedes ver.
   No hay más existencias que las que pueden ustedes ver.
3. Nunca compro más de dos camisas al año.
   Nunca compro más que dos camisas al año.
4. No estuvo más de un cuarto de hora allí.
   No estuvo más que un cuarto de hora allí.
5. Ese niño no parece tener más de diez años.
   Ese niño no parece tener más que diez años.

308. **¿Qué significan las siguientes expresiones?**

1. Parabrisas.
2. Paraguas.
3. Aguafiestas (ser).
4. Cortafuegos.
5. Limpiabotas.
6. Engañabobos (ser).
7. Vivalavirgen (ser).
8. Cazadotes (ser).
9. Buscavidas (ser).
10. Perdonavidas (ser).
11. Lanzallamas.
12. Francotirador (ser).
13. Sabelotodo (ser).
14. Caradura (ser).
15. Matasanos (ser).
16. Metepatas (ser).
17. Métementodo (ser).
18. Entreacto.
19. Entrevista.
20. Sinvergüenza (ser).
21. Sobremesa.
22. Antesala.
23. Vaivén.
24. Bancarrota.

309. Explique el uso de estos modismos y expresiones con el verbo *pegar*.

1. ¿Ése? No sabe ni pegar un sello.
2. ¡Ojo con él! Te la pega con otra.
3. ¡Anda que te conozco! Se te han pegado las sábanas.
4. Le pegaron una bofetada mayúscula.
5. ¡Chica! Anoche no pegué ojo.

Apuntes -de clase

UNIDAD 58

310. Use la preposición *por* o *para* en las frases siguientes.

1. Últimamente le ha dado ...... la pintura.
2. Se compró unas botas ...... la nieve.
3. Aplazaron el viaje ...... el verano.
4. El coche está hecho una pena ...... fuera; ...... dentro está bastante limpio.
5. Mandé al chico (a) ...... cigarrillos.
6. Te tienen ...... persona muy capacitada.
7. Aún queda mucho ...... discutir.
8. ¿Te vienes ...... el centro?
9. ...... lo menos deberías haberle avisado.
10. Este tipo se enfurece ...... cualquier cosa.
11. Estoy ...... el arrastre, chico; no puedo con mi alma.
12. Me voy ...... una semana.
13. Fue ...... Semana Santa cuando le escribimos.
14. ...... ahora no hay nada que hacer; ya veremos más adelante.
15. Ha navegado ...... todos los mares del mundo.
16. ...... Pedro, tú eres un cero a la izquierda.
17. Al principio le tomé ...... forastero.
18. ...... la hora en que llegó a casa, deduje que habíais estado de juerga.
19. Le está bien empleado ...... ingenuo.
20. Se arrastró ...... debajo de la mesa.
21. ...... nosotras todo está perfectamente, no se moleste más.
22. ...... mí esa tía tiene más cara que espalda.
23. A esa novela le han dado demasiada publicidad ...... lo poco que vale.
24. ¡...... feo, yo!
25. Nueve ...... ocho son setenta y dos.

252

311. **Coloque la preposición** *por* **o** *para* **en las siguientes frases.**

1. Esto es ...... morirse de pena.
2. Se guía mucho ...... el qué dirán.
3. ¡...... bromas estoy yo!
4. ¡No te vayas! Están ...... llegar.
5. ...... cierto que aún no he recibido la tarjeta de que me hablabas.
6. Eso lo doy ...... supuesto.
7. Atravesó el bosque ...... el atajo.
8. ¡Felicidades!, y que sea ...... muchos años.
9. ¡...... poco me pilla el autobús!
10. ¡...... mujer guapa, la mía!
11. ...... dormir no hay nada mejor que el vino.
12. ¡...... esta vez pase, pero que no se repita!
13. ...... fortuna, no ha habido víctimas.
14. Lo han multado ...... aparcar en doble fila.
15. ...... serle sincero, no me gusta la música.
16. Tocó el tema sólo ...... encima.
17. No le aceptaron en el ejército ...... miope.
18. Tengan los trabajos preparados ...... el próximo martes.
19. Con la calculadora se me ha olvidado la tabla de multiplicar. ¿Cuántas son nueve ...... ocho?
20. ...... más que lo intentes, no conseguirás levantar esa piedra.
21. ...... la primavera nos vemos, ¿vale?

312. **Sustituya las expresiones en cursiva por una locución con** *por* **o** *para* **(vea ejercicio núm. 189).**

1. *En la actualidad,* y después de los últimos acontecimientos, el mundo comunista tiende a una liberalización en todos los órdenes.
2. *Según parece,* ella es el alma y cabeza de la empresa.
3. *Afortunadamente* nadie observó nuestro poco ortodoxo comportamiento.
4. *A propósito,* bonita, se me olvidaba, encárgate tú hoy de hacer la compra e ir a los bancos.
5. No me preguntes, porque lo leí *superficialmente* y apenas me fijé.
6. Nos visitan *demasiado a menudo,* son unos pelmas.
7. *Por desgracia y mala suerte* estalló una tormenta y se fue la luz.
8. *Ya hemos hecho lo suficiente.* Hoy hemos cumplido.
9. *Al menos* dime que me quieres un poquito. ¡No seas malo!
10. *Casi* nos perdimos en la «medina», tuvimos que vérnoslas y deseárnoslas para salir de allí.

11. Mi lealtad hacia ti permanecerá firme *toda mi vida.*
12. *Aunque* lo intente no lo conseguiré. Es demasiado difícil.
13. *Finalmente* llegaron todos los invitados y los anfitriones se relajaron.
14. *Generalmente* en este país se desayuna poco y se cena tarde y mucho.

313. **¿Cuáles de estos pájaros y animales viven en la península Ibérica?**

oso	lobo	buitre
búfalo	tigre	nutria
topo	reno	ciervo
foca	chacal	gorrión
loro	jilguero	perdiz
codorniz	víbora	cobra
armiño	pantera	zorro
castor	cigüeña	golondrina

Apuntes de clase

UNIDAD

59

314. **Complete el sentido de las siguientes frases con estas preposiciones (algunos casos admiten más de una):** *en, sobre, por, encima de, alrededor de, cerca de, lejos de, detrás de, antes de, delante de, tras* y *debajo de.*

1. Tiene guardado el dinero ...... el cajón de su escritorio.
2. Ya hemos hablado mucho ...... este asunto.
3. Lo tendré terminado ...... 1993.
4. Juan Sebastián Elcano fue el primero en dar la vuelta ...... (el) mundo.
5. No opino nada ...... el particular.
6. ...... no pagar, nos insulta. ¡Es el colmo!
7. Quiere que todo el mundo gire ...... él. ¡Es un déspota!
8. ...... tus circunstancias yo no haría eso.
9. Me gusta mucho pasear ...... las calles cuando tengo tiempo libre.
10. El cenicero está ...... la mesa.
11. Los aviones enemigos dieron unas cuantas pasadas ...... (el) portaaviones.
12. Llevaba una cadena de plata ...... el cuello.
13. ¡Pon el abrigo ...... la percha!
14. Dejó la cartera ...... la silla.
15. ...... Ávila hay una muralla medieval magníficamente conservada.
16. ...... los campanarios de las iglesias castellanas suele haber nidos de cigüeñas.
17. ...... el cielo se veían enormes bandadas de gorriones.
18. Mira a tu alrededor, el cenicero está ...... la silla.
19. Las olas rompían ...... acantilado.
20. ...... «El mundanal ruido» es una novela de Tomás Hardy.
21. Los rayos caían ...... los picos de la sierra.
22. ...... de la ermita había un bosque de pinos y abedules.
23. ...... (el) concierto, celebraron la entrega de premios a los galardonados.

24. Andaba ...... ese chico desde hacía mucho tiempo.
25. El sacerdote celebra misa ...... (el) altar.
26. ...... la tempestad vino la calma.

315. Complete las siguientes frases con la preposición adecuada y un infinitivo.

1. Todos nos negamos ......
2. ¿Qué hicieron? Echaron ......
3. Jamás nos decidimos ......
4. De pequeña soñaba ......
5. Como tiene la cabeza a pájaros se olvidó ......
6. No te preocupes, yo me encargaré ......
7. Lo pasaron tan bien que ni se acordaron ......
8. ¡Cuánto me alegro ......!
9. Después de mucho insistir, se animaron ......
10. Lo único que tienes que hacer, es acostumbrarte ......
11. ¿A que no te atreves ......?
12. Tiene tanta cara que ni se avergüenza ......
13. Como se estropeó el Metro, tardaron ......
14. Nos contentamos ......

316. Rellene los puntos con un verbo adecuado.

1. Se ...... al examen sin saber nada.
2. Al ver a la policía, él ...... a correr.
3. Has ...... una tontería mayúscula.
4. ¿Le gusta a usted ...... el piano?
5. Mi hermana ...... veinte años mañana.
6. Se fue a ...... un paseo.
7. Por efectos de la tempestad el barco ......
8. Fue a ...... el pelo.
9. Se ...... los zapatos porque le hacían daño en los pies.
10. ¿Se ha ...... usted la medicina?
11. Se han ...... a una nueva casa.
12. El automóvil se ...... contra un árbol.
13. Le gusta mucho ...... deporte.
14. Los almendros ...... en enero.
15. Los periodistas le ...... una entrevista, pero les fue denegada.

16. He ...... unas botellas a la tienda, pero todavía no han venido.
17. ¡...... la radio! ¡Hace mucho ruido!
18. ...... (tú) un disco más alegre; éste no me gusta.

317. Explique el sentido de las siguientes expresiones.

1. Nunca da la cara.
2. Ese tipo se trae algo entre manos.
3. Esa historia no tiene ni pies ni cabeza.
4. Se le escapó por los pelos.
5. Se lo creyó a pies juntillas.
6. Este cuadro me costó un ojo de la cara.
7. Está con el agua al cuello.
8. Vamos a echarlo a cara o cruz.

318. Diga el adjetivo que corresponde a los siguientes sustantivos.

año	crítica
sensatez	pereza
verano	sutileza
primavera	profeta
deporte	individuo
temor	monarquía
sensibilidad	práctica
comodidad	anarquía

Apuntes de clase

UNIDAD 60

319. Rellene los puntos con una preposición adecuada.

1. No iremos ...... pie; iremos ...... coche.
2. Se lo compré ...... cinco duros.
3. Las manzanas están ...... 80 pesetas el kilo.
4. Era muy aficionado ...... (el) teatro.
5. Se quedó absorto ...... «Las Meninas».
6. No le permito que lo haga ...... ningún pretexto.
7. No estoy ...... acuerdo ...... las conclusiones ...... que ha llegado usted.
8. Siempre se está metiendo ...... la gente; no hay quien le aguante.
9. Lo siento, pero yo voto ...... contra.
10. Estoy ...... favor de esa ponencia.
11. ...... todo pronóstico, el día amaneció nublado.
12. ...... seguir las cosas así me veré obligado ...... presentar la dimisión.
13. No he vuelto a verle ...... entonces.
14. No puedo estar ...... todo; tienen ustedes que ayudarme.
15. ¡Estás equivocado!, no hay nada ...... ella y yo.
16. ¿Cómo vienes ...... estas horas?
17. ...... ahora no he podido hablar con él.
18. ...... las cuatro habremos terminado de ·comer.
19. ...... lo que más quieras, no me causes más disgustos.
20. ...... las últimas estadísticas más de la mitad ...... la población mundial pasa hambre.
21. ...... duda, no ha tenido suerte ...... la vida.
22. ...... todo, me molesta su manera de hablar.
23. Anda ...... un terrenito en la Costa del Sol.
24. ...... de la oficina, no había ni un alma.
25. Estoy ...... a usted. ¡Míreme!
26. ¡Disculpe! ¿No voy yo ...... de usted?

320. Complete el sentido de los siguientes ejemplos con la preposición apropiada.

1. Me voy ...... Toledo mañana.
2. Los vagabundos vivían ...... (el) puente.
3. Aspira ...... una condecoración.
4. Se oía un gran tumulto ...... dentro ...... la casa.
5. Tiene una estatura muy superior ...... la normal; es un gigante.
6. Se detuvo ...... el escaparate.
7. Mucha gente ...... tierra ...... no conoce el mar.
8. Está aún ...... los efectos de la anestesia.
9. .... los árboles se filtraba un rayo de luz.
10. Se limpió los zapatos ...... un trapo.
11. No se podía navegar río arriba ...... culpa de las rocas.
12. Apoyó la escalera ...... la pared.
13. A la voz del sargento, los soldados dieron un paso ....
14. .... él todo son atenciones ...... conmigo nada de nada.
15. Fue una época ...... mucha escasez ...... todos los órdenes.
16. Estábamos ...... la orilla ...... (el) mar ...... a un acantilado.
17. ...... la playa ...... su casa no hay más de veinte pasos mal contados.
18. Dejémoslo ...... luego ...... ahora ya es suficiente.
19. Saltamos .... de la valla a un solar.
20. Los hombres rana nadaron .... de la quilla del barco.
21. ...... efectos prácticos estamos casados, aunque no legalmente.

321. Diga los términos de significación contraria a los siguientes.

1. Desesperación.	15. Amor.
2. Alegría.	16. Claridad.
3. Bondad.	17. Certeza.
4. Verdad.	18. Soledad.
5. Profundidad.	19. Egoísmo.
6. Pobreza.	20. Fuerza.
7. Actividad.	21. Timidez.
8. Afirmación.	22. Sinceridad.
9. Vanidad.	23. Luz.
10. Enfermedad.	24. Prólogo.
11. Perfección.	25. Error.
12. Justicia.	26. Cortesía.
13. Escasez.	27. Sabiduría.
14. Belleza.	28. Optimismo.

322. Explique el sentido de las siguientes expresiones.

1. Siempre le están dando coba.
2. No tiene un pelo de tonto.
3. ¿Qué hay de bueno, amigo?
4. No pegué un ojo en toda la noche.
5. ¿Tienes un lápiz a mano?
6. Explicaré mis planes sobre la marcha.
7. ¡No te hagas ilusiones!
8. ¡Adiós muy buenas!
9. ¡Ojo con el tráfico!

Apuntes de clase

UNIDAD

61

323. Complete estas frases con una de estas partículas: *bajo, abajo* o *debajo.*

1. Esta madrugada hemos estado a 4º ...... cero.
2. El portero vive ......
3. ...... de los soportales de la Plaza Mayor hay muchas sombrererías.
4. El pueblo gritaba: ¡...... con el tirano!
5. No hay nada nuevo ...... el sol.
6. Tuvimos que prestar declaración ...... juramento.
7. Había muchos molinos aguas ...... del río.
8. El lápiz está ...... de ti.
9. Puedes hacerlo, pero ...... tu responsabilidad.
10. Prohibido pisar el césped ...... multa de mil pesetas.
11. El vecino de ...... se pasa el día tocando el acordeón.

324. Complete el sentido de estas frases con uno de los siguientes adverbios: *atrás, detrás, después, delante, alrededor, encima, debajo, cerca, lejos, antes* **(haga todas las posibilidades).**

1. Por favor, no se coloquen tan ......, no los vemos.
2. Nosotros vivimos ......, los caseros ......
3. Las niñas resolvieron los problemas ......; los niños ......
4. No sé quién está ......, pero sí quién está ......
5. En esta vida es más práctico mirar hacia ...... que hacia ......
6. A los nuevos se les entrevistará ......, ahora estamos con los antiguos.
7. No había ni un alma ......
8. Mariana pintaba, escribía y ...... sabía cinco lenguas.
9. ¿Le pasa algo al teléfono? Se te oye muy ......

10. ¡Ánimo, el agua está ......!
11. Me volví, pero no había nadie ......
12. Eso era ...... Ahora las cosas son muy distintas.
13. No se fijó mucho. Lo vio por ......
14. Dieron la vuelta alrededor y los atacaron por ......

325. **Complete las frases que van a continuación con uno de estos adverbios: *aún, todavía, ya*. Algunas admiten más de una forma.**

1. ¿Llueve? — No, ... no.
2. ...... sigue empeñado en salir de excursión.
3. ...... se ven aquellos vistosos coches de caballos por las calles de Madrid.
4. El trimestre que viene empezamos ...... el curso superior de español.
5. Le quedan ...... energías para muchos años.
6. ...... hemos estado en Canarias anteriormente.
7. ¡Qué lástima! ...... se acabaron las vacaciones.
8. ¿No es ...... hora de acostarse?
9. ¿Te vas......? — No, ... no, ... me quedaré un ratito.
10. ¿Pero ...... no has rellenado la solicitud? ¡Qué tranquilo eres!

326. **Complete las frases siguientes con una de estas partículas: *luego, entonces, después* (haga todas las posibilidades).**

1. Estoy muy ocupado, te veré ......
2. ¡Hasta ......!, te espero a la tertulia, dijo ...... Pedro.
3. Las palabras de tu amigo le irritaron; ...... cogió su abrigo y se marchó.
4. De momento esperen ahí sentados; ...... les daré indicaciones más precisas.
5. Por aquel ...... se vendía la naranja muy barata.
6. Pienso, ... existo es el axioma de la filosofía racionalista.
7. ¿Pero, ..., no es verdad lo de tu hermano?
8. ...... te quedaste en casa toda la tarde, ¿verdad?

327. **¿Cuáles de estas flores y plantas son autóctonas de su país?**

margarita	clavel
rosa	tulipán
romero	tomillo
geranio	amapola

Apuntes de clase

328. Elija entre los términos: *donde, cuando, cuanto, como, según,* el que mejor vaya al contexto.

1. ...... más le oigo, más me duele la cabeza.
2. En ...... termine usted esa carta, pase a mi despacho.
3. Te lo digo ...... me lo contaron, sin omitir una sola palabra.
4. ...... bebió más de la cuenta, tuvimos que llevarlo a casa.
5. ...... el relato de los testigos, el accidente pudo evitarse.
6. Iban acomodándose ...... entraban.
7. ...... voy avanzando en este estudio, me voy entusiasmando con el tema cada vez más.
8. En ...... a tu petición, me temo que ha sido denegada.
9. Me gustaría tener un piso ...... no haya ruidos.
10. Ha subido el pan, de ...... se deduce que los demás artículos también van a subir.
11. Déjate caer por casa ...... quieras; serás bien recibido.
12. Ese palacio destruido es de ...... la guerra.
13. Para ...... mi hijo esté en edad de casarse, estaré ya hecho un viejo.
14. ...... no sabía inglés le denegaron la beca para Estados Unidos.
15. Estoy de acuerdo con la idea, pero ...... y cómo se lleve a cabo.
16. Escriba ...... quiera, no hay límite de palabras.
17. Actuaron ...... mejor creyeron conveniente dadas las circunstancias.
18. Dijeron que bajarían al pueblo ...... cayeran las primeras nieves.

329. Rellene los espacios en blanco con una de las siguientes conjunciones: *pero, sino, si no.*

1. El chico tiene inteligencia, ... le falta aplicación.
2. ...... vienen ustedes a tiempo anularemos las reservas de localidades.

3. No es de ti de quien me quejo, ... de tu cuñado.
4. Convendría que nos pasáramos por su oficina, ..., no podremos cobrar.
5. No habla ruso, ... lo entiende y lo escribe bastante bien.
6. Lamento tener que desilusionarle, ... su ejercicio es bastante mediocre.
7. ¡...... no me ha dicho usted que iba a estar allí toda la tarde!
8. ...... fuera porque le debo ese favor le hubiera mandado a freír espárragos.
9. No sólo se codeaba con la alta sociedad, ... que también alternaba con los humildes.
10. Es incapaz de escribir una línea ...... bebe.
11. Estás equivocado, en aquel entonces no trabajaba, ... estudiaba.
12. Las mujeres no son débiles, ... fortísimas.

330. Elija entre las partículas: *ya que, como, porque, puesto que, pues, mientras,* **la que o las que vayan al contexto.**

1. ...... he nacido en Andalucía, soy muy sensible al frío.
2. Decidimos hacer el viaje por carretera, ... los trenes iban demasiado llenos.
3. Aprendió a jugar al tenis ...... estudiaba en Oxford.
4. El centro de España es seco, ... que el norte es húmedo.
5. ...... te empeñas en saberlo, te diré que no hemos contado contigo ...... antes no colaboraste.
6. ¡Así ...... os gusta mi cuadro!
7. ¿Quieres venir?, ... entonces paga tu parte.
8. Abandonó la Universidad ...... quería dedicarse a hacer cine.
9. Vendió el coche, ... le ocasionaba más gastos de los que le permitía su presupuesto.
10. ...... este hotel está siempre lleno, los empleados le tratan a uno a patadas.
11. ...... subía las escaleras oí una discusión en la portería.
12. Niño, ... no seas bueno, se lo digo a tu padre.
13. ...... tenga salud y dinero en el bolsillo, ¿de qué se queja?
14. ¿Cómo que cómo como? Como ...... como.

331. Complete el sentido de estas oraciones mediante una o varias de las siguientes conjunciones concesivas: *aun cuando, por mucho (más) que, si bien, y eso que, por poco que, así* (haga todas las posibilidades).

1. ...... tiempo que le dediques, lo harás perfectamente.
2. No tenía ni idea de alemán, ... había vivido en Hamburgo muchos años.
3. No cedas ...... te lo pida de rodillas.
4. ...... ese profesor tenía gran facilidad de palabra, sus conferencias resultaban muy superficiales.
5. No te confíes ...... insista, te la puede jugar.
6. ...... frotes no sacarás esa mancha.
7. Van pavimentando todas las calles del pueblo, ... está costando un dineral.
8. ...... sabía tocar el piano le disgustaba hacerlo en público.

332. Explique o dé equivalentes de los siguientes vocablos del mundo de la política, la economía y los periódicos.

concertación
candidatura
querella
venta fraudulenta
inseguridad ciudadana
connivencia
delito fiscal
reportaje de actualidad

eurodiputado
autodeterminación
credibilidad
enajenación mental
indemnización
amnistía fiscal
devaluación de la moneda
programación televisiva

Apuntes de clase

UNIDAD

63

333. Explique el sentido de las palabras en cursiva de las siguientes frases sacadas de los periódicos.

1. Ayer se cometió un *atraco* en una joyería de la calle Almagro.
2. No he visto esa película en la *Guía del ocio.*
3. Se celebró *un homenaje* en honor de don Miguel de Unamuno en la Universidad de Salamanca.
4. *El timo de la estampita y el tocomocho* siguen teniendo *víctimas propiciatorias.*
5. Los cines *de sesión continua* son más baratos que los *de estreno.*
6. La sección *anuncios por palabras* está en las últimas páginas de este periódico.
7. *El servicio doméstico* está cada vez más escaso.
8. *La inauguración* de este *establecimiento* tendrá lugar el próximo lunes a las 7,30 de la tarde.
9. Ayer, a las 5,15 de la mañana, resultó *lesionado* en accidente de tráfico don Javier Hernández, *domiciliado* en Ventura de la Vega, 23.
10. Los empleados de la Empresa Municipal de Transportes percibirán este mes de marzo una cantidad considerable en concepto de *horas extraordinarias.*
11. Esta mañana se ha registrado un *aparatoso accidente* en las oficinas comerciales de la Agencia «La Veloz».
12. *El jefe de personal* del Banco Naviero ha denunciado *una estafa* de doscientos millones de pesetas cometida en la sede central de dicho establecimiento bancario.
13. *El fallo* del premio Príncipe de Asturias ha tenido lugar esta mañana.
14. *El fallecimiento le sobrevino* por haberse inyectado una *sobredosis* de heroína.
15. *Gestionamos hipotecas* de cualquier cantidad. Cancelamos *embargos.* Llamen al (91) 413 31 70.

16. *Las deducciones para la declaración de hacienda* de este año se verán incrementadas notablemente.

334. Explique el sentido de las palabras en cursiva de estos textos periodísticos.

1. Manuel Rodríguez ha resultado herido *de pronóstico reservado.*
2. *Se traspasa local* céntrico con amplias facilidades de pago.
3. Mañana, en la iglesia del Sagrado Corazón, *se celebrará el enlace* Rodríguez Suárez-Zayas Gutiérrez.
4. Durante su estancia en Barcelona *se hospedará* en el Hotel Pacífico.
5. *Perece atropellada* una anciana de 78 años.
6. *Ecos de sociedad:* La Condesa de Candás ha presidido *la apertura* de la exposición de los «Amigos de la cultura».
7. *La esquela mortuoria* ha aparecido esta mañana en toda la prensa nacional.
8. Se ha cometido un *audaz robo* por el procedimiento del «butrón» en el banco nacional de Filipinas.
9. *El artículo de fondo* de hoy trataba del *terrorismo* y la *mafia del narcotráfico.*
10. El espinoso tema de la *autodeterminación* sigue creando controversias en la opinión pública.
11. Ayer *falleció en la Ciudad Condal* el escritor Jordi Serrat, víctima de una enfermedad incurable.
12. Se ha *legalizado* el *multipartidismo* en algunos países del este de Europa.
13. El *tráfico de influencias* y el *transfuguismo* dan mucho que hablar últimamente en círculos políticos.
14. En *las revistas del corazón* y publicaciones similares aparecen casos *flagrantes* de *linchamiento moral.*
15. El impuesto sobre el *IVA* y el *valor añadido* traen de cabeza a muchos españoles.
16. *Hacienda recurre* ante el *Supremo* la absolución sobre el *delito fiscal.*
17. La *violación de los derechos humanos* es desgraciadamente hecho habitual en el mundo en que vivimos.

335. Diga los verbos correspondientes a los siguientes sustantivos.

1. Seguro.	8. Fusil.
2. Burla.	9. Baraja.
3. Dolor.	10. Escalón.
4. Cojera.	11. Archivo.
5. Compromiso.	12. Balsa.
6. Inclusión.	13. Montón.
7. Argumento.	14. Hipoteca.

336. ¿Cuáles de estas frutas ha probado usted? Descríbalas.

melocotón	chirimoya	níspero
sandía	melón	mango
ciruela	dátil	kiwi
piña	papaya	albaricoque

337. Lea las siguientes abreviaturas y siglas.

S.A.; TWA; ONU; (a. de J.C.); D.; D.ª; dcha.; D.N.I.; EE.UU.; F.B.I.; M.C.; gr., grs.; Kg.; Km.; O.T.A.N.; O.N.C.E.; p. ej.; P.S.O.E.; P.P.; P.V.P.; RENFE; Srta.; Sres.; Sr.; T.V.E.; Vd.; Vds.; U.R.S.S.; U.S.A.; V.º B.º; W.C.; S.I.D.A.; I.V.A.; E.T.A.; I.R.P.F.; C.E.E.

Apuntes de clase

índice
alfabético
de conceptos

NOTA: Los números se refieren a los ejercicios, no a las páginas.

CURSO INTENSIVO DE ESPAÑOL

Gramática (Fernández, Fente, Siles). Madrid, 1990. (Nueva edición) 272 páginas.

EJERCICIOS PRÁCTICOS

Niveles de **iniciación** y elemental (Fernández, Fente, Siles). Madrid, 1990. (Edición renovada) 264 páginas.

Clave y guía didáctica.

Niveles elemental e **intermedio** (Fernández, Fente, Siles). Madrid, 1990. (Edición renovada) 256 páginas.

Clave y guía didáctica.

Niveles intermedio y **superior** (Fernández, Fente, Siles). Madrid, 1990. (Edición renovada) 288 páginas.

Clave y guía didáctica.